화날 때 ⑤ 분 멘토

-힐링 백과사전-

―힐링 백과사전―

화날 때 （5） 분 멘토

초판 1쇄 발행일 2013년 05월 10일
초판 2쇄 발행일 2015년 01월 22일 개정증보판

지은이 정윤규
펴낸이 김양수
편집·디자인 곽세진

펴낸곳 ＼＼ 도서출판 맑은샘
출판등록 제2012-000035
주소 경기도 고양시 일산서구 중앙로 1456 604호(주엽동 18-2)
대표전화 031.906.5006 팩스 031.906.5079
이메일 okbook1234@naver.com
홈페이지 www.booksam.co.kr

ISBN 979-11-5778-009-9 (03190)
정가 12,000원

「이 도서의 국립중앙도서관 출판시도서목록(CIP)은 서지정보유통지원 시
스템 홈페이지(http://seoji.nl.go.kr)와 국가자료공동목록시스템(http://
www.nl.go.kr/kolisnet)에서 이용하실 수 있습니다.(CIP제어번호:
CIP2015001821)」

화날 때
5분 멘토

정윤규 지음

머리말

건강을 좌우하는 가장 중요한 요인은? 마음의 평화이다.

만성적인 스트레스에 시달리면 인체는 스트레스를 이겨내기 위해 부신에서 아드레날린 및 코티솔 등의 호르몬을 분비해서 혈당과 혈압을 올려 인체가 큰 힘을 발휘하게 한다. 문제는 이 호르몬이 나중에 면역력을 떨어뜨려 질병을 부를 수 있다.

결론적으로, 건강을 유지하기 위해서는 스트레스를 이겨내는 마음의 평화가 가장 중요하다. 이 책은 마음의 평화를 얻는데 가장 많은 부분을 할애 했다.

마음의 평화를 얻는 방법은 한 잔의 술이 좋다. 그 한 잔의 술처럼, 좋은 글도 읽으면 시름을 잊고 마음을 달래준다. 그러나 한 잔의 술, 좋은 글이 지속적인 효과가 없다는 점이 아쉽다.

이 책은 심리학적 지식과 예리한 통찰을 통해 인간의 마음에 대한 이해를 높여준다. 이러한 깨달음을 통해 마음이 성장하고 인식이 확장되어 행동의 변화를 이끌어낸다. 즉, 이 책은 지속 가능한 효과를 준다.

식물이든 사람이든 생존환경이 나빠질 때 후대를 남기려는 본능으로 인해 열악한 식물은 일찍 열매를 맺고, 사지마비의 사람이 오히려 정상인보다 더 성욕을 느끼기도 한다. 건강이 나빠질 때 쉽게 음습한 생각이 스며든다. 이 책을 통해 면역력을 증진하고 생명에너지가 강해지면 불건전한 생각은 저절로 위축된다.

왕성한 신체활동이 마음의 건강을 돕는다. 그러니 걷기 등 신체활동이 왕성하지 않으면 정신도 시든다. '정신적 수양은 신체적 건강이 수반되어야 한다'는 의미에서 특히 제8장의 '2. 수면에 대하여'에서 소개한 숙면법은 매우 유익하며, [알파파 진입 명상법 : 숫자 거꾸로 세기]는 정신이 산만하고 딴 생각을 하느라 집중을 하지 못하는 사람에게도 효과가 좋다.

〈제 2장 웃음치료〉에서 푸하아~ 웃음을 배워 분노고 싱치빈은 몸과 마음을 치료하라. 여기의 〈웃음 십계명〉을 기억하자.

이번 개정판에는 권도원 박사의 8체질을 추가했다. 추상적이고 모호하지 않도록 '핵심을 알기 쉽게 간결히 정리'했기 때문에 독자들이 〈제3장 사상체질과 8체질〉을 읽는 것만으로도 단번에 8체질의 정수를 이해할 수 있다. 8체질 이 하나만으로도 많은 사람들의 삶이 바뀔거라 믿는다.

이유도 없이 건강이 더 나빠지는 악순환이라면 다음 중에서 한 가지 혹은 복합적인 원인이다.

1) 음식에 민감한 체질(특히 금음, 금양체질의 태양인)인데, 사상체질 혹은 8체질에 따른 섭생 개념이 없다.

2) 잔병에 강력한 약물을 사용해 면역력이 저하되고 이 부작용으로 생긴 병이 다시 약을 부르는 식으로 악순환에 빠졌다. (잔병은 약이 아니라 자연치유력을 훼손하지 않는 방법으로 접근해야 한다.)

3) 배우자 혹은 가족간에 기가 화합되지 못한다.

4) 강력한 수맥파에 노출되어 생활한다.

5) 심각한 강도의 스트레스가 해소되지 않고 누적된다.

6) 경제적으로 혹은 인간관계에서 생존위기에 처해있다.

위의 내용이 지금은 이해가 되지 않겠지만 이 책의 관련 내용을 다 읽고 나면 저절로 고개가 끄덕여질 것이다. 운명이 바뀌려면 행동해야 한다. 그러나 행동은 이해하고 스스로 납득해야만 가능하다. 이 책은 이해를 통해 행동으로 이끄는 원동력이 될 것이다.

한달음에 다 읽고 덮을 책이 아니라, 늘 곁에 두고 필요한 주제를 찾아 기억을 새롭게 하라. 삶을 올바르게 수리하는 바이블로 늘 곁에 두고 싶은 힐링백과사전, 이 책이 추구하는 목표이다.

2015년 1월 10일

정 윤 규

머리말 · 4

제1장 마음 다스리기

1. 분노 다스리기
   1) 분노 노트 · 19
   2) 분노란 · 20
   3) 미련이 먼저 오고 지혜가 나중에 온다 · 22
   4) 화 다스리기 · 24
   5) 내가 분노의 타깃이 되었는데 자리를 피하거나 대응이
      불가능할 때 · 25
   6) 도로 위 분노 · 25
   7) 아내의 불평에는 맞장구가 약이다 · 27
   8) 무의식에 나도 모르는 내가 있다 · 28
   9) 타인의 어리석음을 보고 화내지 마라 · 29
   10) 세상에 나 같은 놈이 참 많구나 · 30
   11) 아이를 돌볼 때 · 30
   12) 어린 마음에 생긴 상처 · 31
   13) 우울한 때라도 명랑해질 수 있다 · 32
   14) 내면의 사나운 개 · 34
   15) 주부의 화풀이 연쇄방화 · 34
   16) 매순간 마음을 들여다 보라 · 36
   17) 분노의 근원 · 37

2. 병을 부르거나 물리치는 힘은 마음이다
   1) 부정적인 사고 방식이 병을 부른다 · 38
   2) 감사노트 · 38
   3) 용서의 기적 · 40
   4) 용서가 명약이다 · 40
   5) 성자의 가르침, 용서 · 41
   6) 사회적 스트레스 · 41

3. 분노의 이해
   1) 현재 우리 행동의 이면은 과거형이다 　　　• 43
   2) 우울 뒤에는 분노가 잠복해 있다 　　　　　• 44
   3) 분풀이와 폭력의 전염 　　　　　　　　　　• 44
   4) 파워게임 　　　　　　　　　　　　　　　　• 47
   5) 성인 ADHD와 진노발작 　　　　　　　　　• 49
   6) 행동 및 환경 풍부화 프로그램 　　　　　　• 50

4. 행복이란
   1) 행복을 드리고 싶어요 　　　　　　　　　　• 52
   2) 행복은 어디서 오는가 　　　　　　　　　　• 53
   3) 행복 찾기 　　　　　　　　　　　　　　　　• 55
   4) 행복은 성적순이 아니다 　　　　　　　　　• 55

제 2장　웃음치료

1. 최불암식 푸하하~ 웃음 　　　　　　　　　　　• 61

2. 웃음이 복을 부른다 　　　　　　　　　　　　　• 64

3. 행복해서 웃는 것이 아니라, 웃다 보니 행복해진다

　　　　　　　　　　　　　　　　　　　　　　　• 65

4. 말기암 집배원, 웃음배달 5년의 기적 　　　　　• 66

5. 유머
   1) 만취승객 　　　　　　　　　　　　　　　　• 67
   2) 지갑 속의 소중한 마누라 사진 　　　　　　• 68
   3) 다음 세상에도 당신과 살고 싶어 　　　　　• 68
   4) 다 그 놈이 그 놈이여! 　　　　　　　　　　• 69
   5) 어떤 거지 　　　　　　　　　　　　　　　　• 69
   6) 중국집 배달 　　　　　　　　　　　　　　　• 70
   7) 인정 많은 할머니 　　　　　　　　　　　　• 70
   8) 정치인과 기자 　　　　　　　　　　　　　　• 71
   9) 너 같은 건 집에 가도 있어 　　　　　　　　• 72
   10) 활극을 좋아하는 남자의 심리 　　　　　　• 73
   11) 무악재 사슴 　　　　　　　　　　　　　　　• 73

12) 선상가상   • 74
13) 거친 나쁜 남자가 좋아   • 74
14) 성급한 사장의 오판   • 75
15) 한국이 외국과 다른 점   • 76

제 3장   사상체질과 8체질

1. 체질에 적합한 음식의 의미는   • 81
2. 체질과 궁합   • 82
3. 체질의학의 이해   • 86
4. 병으로 인해 평생 약을 먹을 것인가, 체질을 알고 건강을 누릴 것인가?   • 89
5. 체질에 맞지 않는 음식이라도 치료목적으로 섭취할 수 있다   • 91
6. 체질과 목욕   • 93
7. 체질과 호흡법   • 94
8. 체질과 비타민 섭취   • 95
9. 체질과 혈액형   • 97
10. 성격을 좌우하는 요인은?   • 98
11. 체질별 특성   • 99
12. 체질 사례
  1) 사례 1 : 5년간의 아토피 전쟁   • 110
  2) 사례 2 : 20대를 회색빛 절망으로 보낸 여성   • 112
  3) 사례 3 : 목음체질의 안면홍조 여성   • 113
  4) 사례 4 : 체질음식으로 위암을 극복한 여성   • 114
  5) 사례 5 : 발효식품이 태양인에게 좋지 않다?   • 115
  6) 사례 6 : 부부가 국수도 다르게 먹는다   • 116
13. 독자에게 경종을 울리고 싶은 사항은   • 117
14. 8체질별 식품분류표   • 119
15. 사상체질별 식품분류표   • 144
16. 식품기준 체질 적합도   • 153

제 4장 지혜가 선사하는 힐링

1. 힐링을 위한 글
   1) 세상아 와라 • 161
   2) 행동이 운명이다 • 161
   3) 누구나 벅찬 경계에서 힘든 싸움을 하고 있다 • 162
   4) 소중한 이를 위한 헌신 • 163
   5) 관계 지향적 균형감 • 163
   6) 고진감래(苦盡甘來) • 164
   7) 일 많은 것도 복이다 • 164
   8) 가장 무거운 짐 • 165
   9) 시간은 상대적인 것이다. • 166
   10) 인간이란 • 167
   11) 스스로 일어서라 • 168
   12) 간디의 선행 • 168
   13) 나이는 숫자에 불과하다 • 169
   14) 마음에서 겪지 않고는 쓸 수 없는 거가 글이다 • 170
   15) 정반합(正反合) • 170
   16) 일어날 일은 반드시 일어난다 • 171
   17) 현실이 꿈이 되고, 꿈이 현실이 된다 • 172
   18) 운명이란? • 172
   19) 파레토의 80대 20 법칙 • 173
   20) 집단무의식세계 • 174
   21) 진리와 현상의 차이 • 175
   22) 오감 너머 현상 • 176

2. 소통
   1) 대화의 세 가지 형태 • 185
   2) 대화는 생각의 수레바퀴다 • 188
   3) 토론과 논쟁 • 188
   4) 초설득(supersuasion) • 190
   5) 가까운 사이익 때 현상의 기술 • 191
   6) 대화를 지배하는 것은 목소리가 아니라 귀다 • 192
   7) 사람을 움직이는 힘은 귀에서 나온다 • 193
   8) 소통이 주는 치유와 내적 성장 • 194

9) 내가 좋으면 세상이 다 좋다 • 194
10) 말의 힘 • 195
11) 말에 영혼이 깃든다 • 197
12) 우리 새댁 왔능교~ • 197
13) 요리 배우듯이 말도 익혀야 한다 • 198
14) 사람 사이에 어느 정도 거리가 필요한가 • 199
15) 인간관계는 겨울밤 고슴도치다 • 201
16) 상대에게 어느 정도 호의를 베풀어야 하나 • 202
17) 소통에 대한 명언 모음 • 203

3. 협상
1) 닻내리기 효과 • 205
2) 비싸게 굴기 • 206
3) 미국 대학들의 명품 고가전략 • 207
4) 경쟁을 붙여야 몸값이 올라간다 • 208

제 5장   삶에 성찰을 주는 심리학

1. 왜 마음공부를 해야 하는가? • 211
2. 조사해보면 다 나와 • 214
3. 인간은 얼마나 합리적인가? • 217
4. 자율의 폭과 성취도 • 219
5. 메모의 유익함 • 221
6. 완벽주의자를 위한 충고 • 223
7. 사회적 정체성과 개인 정체성 • 225
8. 대도 조세형이 개과천선했다고 하면서 도둑질을 반복한다
• 226
9. 심리치료자의 덕목 • 228
10. 오이디푸스 콤플렉스 • 229
11. 심리학 단문 모음 • 232

제 6장 삶의 지혜

1. 삶의 지혜 19가지 • 235
2. 人(사람 인)은 두 사람이 서로 기대는 모양이다
• 238
3. 햇볕정책 • 239
4. 관점의 차이
   1) 하느님은 누구의 기도를 들어줄까 • 242
   2) 갑과 을 생각의 차이 • 243
   3) 개인이익과 집단이익의 충돌 • 243
   4) 착시현상 • 244
   5) 보고 싶은 대로만 보는 인간 • 244
   6) 믿고 싶은 대로 사실을 왜곡하는 인간 • 245
   7) 사람 사이의 오해 • 247
   8) 가치기준 • 248
   9) 비관주의와 낙관주의 • 249
   10) 선입견 • 249
   11) 세상에 독불장군은 없다 • 250

5. 사랑의 생체주기 • 251
6. 감정은 지금만 유일하다 • 254
7. 경중을 판단하는 균형감각 • 255
8. 나이 먹어가는 자신을 바로 알아야 • 256
9. 색즉시공 공즉시색(色卽是空空卽是色) • 257
10. 주역 (周易) • 260
11. 언어는 현실을 창조한다 • 262
12. 사람이 빵만으로 사는 것이 아니다 • 264
13. 허술한 미완성의 인간 세상이 꿈을 주는 이유 • 268
14. 세상에서 가장 소중한 한 마디는 '기다림'이다 • 269
15. 높이 나는 연을 팽팽히 당기는 연줄처럼 • 270
16. 인간의 소명 • 271

17. 개인은 집단의 진행성에 얹혀간다 • 272

18. 사람은 자기가 원하는 것을 자발적으로 선택하며 살아야 한다 • 274

19. 세상을 이해하는 19가지 지혜 • 276

제 7장 교육

1. 배움에 대하여
    1) 독서백편의자연 (讀書百編義自見) • 283
    2) 기본을 반복하라 • 284
    3) 공부비법 • 287
    4) TV에서 프로골퍼 스윙을 보기만 해도 실력이 향상된다 • 288
    5) 나를 제약하고 통제하는 힘은 내 안의 믿음이다 • 290
    6) 능력에 대한 칭찬보다 노력에 대해 칭찬하라 • 291
    7) 학습법 단문 모음 • 292

2. 자녀교육
    1) 뇌의 성장 • 295
    2) 아이다움의 의미 • 296
    3) 행동의 변화는 더디 온다 • 296
    4) 형제간 다툼 • 297
    5) 아버지의 이름은 엄마가 준다 • 298
    6) 중간대상물 • 299
    7) 아이의 말썽은 희망으로의 비행 • 300
    8) 아이에게는 성장단계라는 것이 있다 • 301
    9) 아빠에 대한 삐딱한 반항은 성장의 디딤돌을 위한 기회의 요구이다 • 302
    10) 잘 들어주는 것만으로도 문제가 해결된다 • 307
    11) 대화의 기술 • 308
    12) 내가 낳은 자식이니 나의 성격을 닮았을 거라고 생각하면 불행이 시작된다 • 314

제 8장 건강

1. 시각정보
  1) 시각정보와 몸의 피로감 • 317
  2) 머리를 비우고 생각을 버리는 '멍 때리는 시간' • 319

2. 수면에 대하여
  1) 수면 전의 미디어 시청 • 320
  2) 암세포 막으려면 칠흑 같은 어둠이 꼭 필요 • 320
  3) 어둠에 누워 취하는 휴식만으로 충분하다는 마음가짐
                                              • 321
  4) 쉽게 잠드는 방법 • 323
  5) 시계를 들여다 보지 마세요 • 327

3. 음악이 선사하는 힐링 • 328

4. 음악은 뇌손상 회복에 효과가 크다 • 330

5. 물에 대한 상식
  1) 물에 대한 상식 • 331
  2) 물의 필요량은 체질마다 다르다 • 333
  3) 알칼리성 물 • 334

6. 운동
  1) 아프면 걸어라, 누우면 죽고 걸으면 산다 • 335
  2) 운동시간과 효과 • 335
  3) 운동이 새로운 신경세포을 생성한다 • 336
  4) 운동도 제대로 하고 물도 챙겨 드세요 • 336
  5) 지나친 운동은 오히려 건강에 독 • 338
  6) 사상체질에 따른 운동 • 338

7. 건강과 공기오염
  1) 생활용품에 함유된 화학물질 • 340
  2) 차량냉방과 올바른 환기법 • 340
  3) 실내공기 환기의 중요성 • 341
  4) 튀길 때 연기가 폐암의 원인이 될 수 있다 • 342
  5) 미세먼지 및 자동차 배기가스 • 343

6) 콘크리트가 가진 독성과 인체에 미치는 유해성 • 344

8. 아침 굶기가 건강에 유익한가? • 345

9. 식사
1) 소식이 좋은 이유 • 347
2) 소식을 위해 오래 씹어먹어라 • 349
3) 왜 소식이 어려운가 • 349
4) 일주일에 한두 번은 저녁을 거른다 • 350
5) 중장년의 식생활 • 351
6) 김치 많이 먹으면 성인병 위험이 높다고? • 352
7) 소금과의 전쟁 • 353
8) 건강한 밥상 이상의 건강법이 없다 • 355

10. 다이어트 • 357

11. 건강 단문 모음
1) 휴대폰 전자파 • 359
2) 나이 많은 남성의 출산 • 360
3) 간지럽다고 귀청소 하지마라 • 360
4) 기차, 버스, 지하철을 타면 왜 피곤할까? • 361
5) 호르몬요법의 부작용 • 361
6) 감기약의 오남용 • 362
7) 정크푸드의 위험성 • 363
8) 칫솔질할 때 입 잘 헹궈야 하는 이유 • 363
9) 키 크는 올바른 생활습관 • 364
10) 소금섭취량에 대한 지나친 염려에 대하여 • 364

12. 생사람 잡는 입소문 • 365

제 9장 명상수련

1. 복식호흡 · 371
2. 자율파동 수련 : 세포를 춤추게 하라 · 374
3. 스스로에게 건네는 축복 · 378
4. 세 살배기 아이처럼 · 380

제 10장 힘내고 삽시다

1. 시련이 사람을 단련시킨다 · 384
   – 낙상(落傷) 매
   – '경영의 신' 마쓰시타 고노스케 어록
   – 인생에 상실이 없다면 성장도 없다

2. 감동을 주는 이야기
   1) 마지막 잎새 · 386
   2) 강영우 박사 · 388
   3) 김동연 국무총리실장의 감동스토리 · 389
   4) 버는 것은 기술이요, 쓰는 것은 예술이다 · 390
   5) 역풍과 동기부여 · 392
   6) 태양은 다시 떠오른다 · 393
   7) 거장(巨匠)의 오늘을 있게 한 노력 · 394

화날 때 ⑤ 분 멘토

제 1 장
마음 다스리기

1. 분노 다스리기

❝ 고양이는 살아 남았지만, 강한 호랑이는 한반도에서 멸종되었다. 아무리 강해도 화를 잘 다스리지 못한 자는 호랑이처럼 도태된다.

화가 난 상황에서 어떤 일을 한다는 것은 정신장애가 있는 자신에게 큰일을 맡기는 것과 같다. ❞

1) 분노 노트

화는 문턱에 걸리지 말고 멈추라는 빨간 신호등이다. 화 자체를 즉각 알아채서 화에 끌려 다니지 말아야 한다.

분노의 순간을 포착하라. 분노로 이끈 상황을 메모하라.

나의 기대, 바램이 숭속뇌지 않거나 방해 받을 때, 혹은 상대가 나를 무시하거나 불친절할 때 화가 난다. 감성이 뛰어난 사람일수록 의도와 다르게 실오라기 같은 마음이 흐트러지고 엉키기 쉽다. 순간적으로 흥분해서 분노가 일어나는 상황은 늘 비슷한 맥락이다. 언쟁이 시작될 때 어떤 말이 가장 나를 크게 자극하는가를 예의 주시하고 그에 대한 나름의 자기설득 논리를 개발하고 몸에 배게 하라.

2) 분노란

내가 화내고 상대가 잘못되기를 바라는 것은 독약은 내가 마시고 상대가 죽기를 기다리는 거와 같다. 죽어가는 사람은 나다.

누구를 족쳐서 행복하려 말라. 내 마음을 다스려 행복함이 가장 쉽다.

화를 내는 것은 어쩔 수 없다. 화, 질투가 없다면 성인이거나 바보 둘 중 하나다. 아니 성인도 마음은 마찬가지 일거다. 그 화를 그릇된 방식으로 표현하는 것이 문제다. 화는 자기 분발과 성장의 계기가 될 수도 있다. 모든 감정이 이런 측면이 있다.

분노 강도가 높다면 어렸을 때 생존 과 관련된(생존위협) 경험을 했을 가 능성이 높다.

전쟁이 일어나면 기업이 민간물자 생산을 최소화하고 전쟁물 자 생산체제로 동원되듯이 화가 나면 우리의 일상적 기능이 위 축된다. 화가 날 때도 그렇다. 위는 제기능을 못하고 다른 기능 에 피와 에너지를 집중하기 때문에 입맛도 떨어지지만 먹어도 쉽게 체한다. 몸이 망가지는 것이다. 평소 잘 먹고 운동 열심히 해도 화 심하게 내면 도루묵이다.

흡연으로 실내에 연기가 가득 차면 내가 방을 나가야 하는 것 처럼, 성냄은 나의 감정임을 받아들임과 동시에 심호흡, 혼잣말, 숫자를 1부터 10까지 세어 보기, 시원한 물을 한 컵 마시기, (양해 구하고) 장소를 벗어나기 등으로 화가 상승하는 것을 차 단해야 한다.

3) 미련이 먼저 오고 지혜가 나중에 온다

폭풍우 없는 바다는 없다. 대기가 늘 순환하듯이 마음 속의 감정은 수시로 변한다.

폭풍우는 그치게 마련이듯, 감정이 폭발하는 격정적인 순간은 지나게 마련이다.

물과 기름처럼 서로 정반대 논리로 두 사람이 말을 쏟아낼 때 서로 마주보고 달려드는 트럭과 다를 바 없다. 이렇게 서로 다름을 인정할 수 없는 상황이라면 더 이성적인 쪽이 일단 잠자코 듣던지 아니면 잠시 자리를 뜨던지 해야 한다. 미련이 먼저 오고 지혜가 뒤에 온다. 그 지혜가 찾아올 때까지 기다리자.

사람은 화나면 무슨 말이든 무슨 짓이든 벌이지만 시간이 지나면 누그러지기 마련이다. 한 잔의 술, 한 조각의 달콤한 초콜릿, 한 그릇의 맛있는 밥이 마음을 진정시키면 사람이 평정을 찾는다.

나의 기대, 바램이 충족되지 않거나 방해 받을 때, 혹은 상대가 나를 무시하거나 불친절할 때 화가 난다. 감성이 뛰어난 사람일수록 의도와 다르게 실오라기 같은 마음이 흐트러지고 엉기기 쉽다. 이런 일탈의 이면을 어루만져주고, 때론 피해주고 기다려주면 제자리로 돌아오게 마련이다.

두려워하는 개가 짖듯이, 화내는 사람은 자기가 약하고 위기라고 느끼는 상태를 드러내는 것이다. 자기 삶을 통제하지 못한다는 신호로 '나좀 사랑해주세요' '나좀 인정해주세요'라는 표현이다. 격정에 사로잡혀 제정신이 아닌 상대에 같이 맞불을 놓지 마라. 거센 산불은 물기 축축한 생가지마저 태우듯 흥분한 사람에게는 좋은 말도 트집거리가 된다. 막기보다 화를 분출시켜 가라앉기를 기다리거나 자리를 피하라. 같이 맞불 놓지 않고 기다리면 세상의 어떤 사람이라도 같이 지낼 만하다.

간이 큰 개는 짖지 않는다. 내가 약하니, 관계를 잘 이끌 능력이 없으니 화를 잘 낸다. 그러니 화를 잘 내는 사람은 다독여 잘 이끈다.

내 마음에서 따뜻한 위안을 끌어내고 싶을 때 감사노트, 용서노트를 적어보라. 이 책을 펼쳐 마음을 달래라. 친구에게 안부의 전화 혹은 이웃에 흰 미더를 건네봐라.

종이에 몇 자 적다 보면 기분이 환기되고 그 정신적 달콤함으로 시름을 잊고 다시 삶을 열심히 꾸릴 지혜를 찾고 의욕을 얻는다.

4) 화 다스리기

화나면 이성이 마비되지만 완전히 없어지지는 않는다. 싸우다 전화오면 받는다. 순간 아무일 없다는 듯 전화받는 목소리가 싹 바뀐다. 화가 나 길거리에서 누구를 한 대 패주고 싶더라도 황소만한 개를 만나면 알아서 피한다.

그런데 그 화가 점점 커지면 이제 죽는 것도 두렵지 않다. 죽이고 싶어진다. 멀쩡한 사람이 순식간에 정신장애자가 된다.

그러니 즉각적으로 화가 나고 있다는 사실을 알아차리는 거가 중요하다. 화가 나면 심호흡을 하거나, 자신을 달래는 혼잣말, 혹은 잠시 자리를 뜨는 식의 즉각적 제지가 필요하다.

5) 내가 분노의 타깃이 되었는데 자리를 피하거나 대응이 불가능할 때

마음 속으로 다음과 같이 반복하라 :

- '무시해버려~ 이런 화풀이는 나와는 상관없는 일이야!'
- '아이고~ 우리 세 살배기가 또 떼쓰기 시작하구나!'
- '내가 살아 숨쉬는 것만으로도 감사할 일이다!'

아무리 위협적인 사람이라도 결점이 있기에 그 부분을 주시하면 좀더 느긋하게 긴장을 풀 수 있다. 고함을 치는 사람의 생김새에 우스꽝스러운 부분이 있다면 그것을 주시한다. 가령 그가 이중 턱을 가지고 있다면 턱밑의 군살이 덜렁거리는 모습을 주시한다.

6) 도로 위 분노

사소한 일에도 욱하고 화내며 큰소리치고 싸우는 난폭한 운전자. 도로 위에서는 한국 운전자가 가장 사납다고 한다.

◆ 미국 시민단체의 두 로 위 분노 회피 십계명

① 절대 보복운전 하지 마라.

② 화가 난 운전자와 눈을 마주치지 마라.

③ 화가 난 운전자의 말과 행동에 상대하려 마라.

④ 상대 운전자에게 공손하고 침착하게 행동하라.

⑤ 짜증나는 상황 발생 시, 먼저 1부터 10까지 세어라.

⑥ 화난 상대 운전자에게 직접 대처하지 말고 차량번호를 적어 경찰에 신고하라.

⑦ 운전 중 집이나 회사에 대한 걱정을 잊어라.

⑧ 운전 중 음악을 들으면 스트레스를 줄일 수 있다.

⑨ 다른 운전자의 운전습관을 바꾸려고 하지 마라. 자신의 운전습관도 못 바꾼다.

⑩ 영원히 도착 못하는 것보다 조금 늦게 도착하는 것이 훨씬 낫다는 점을 항시 명심하라.

7) 아내의 불평에는 맞장구가 약이다

다음 세 가지 문장만 반복하면 어떤 여자와도 잘 지낼 수 있다 :

그래? / 음 / 내가 그 사람 미쳤다고 그랬지?

즉, 여자가 뭐라 하든 따지지 말고 맞장구 쳐주라. 여자들은 감정표현을 위해 말을 하니까.

- 미국 코미디언 크리스 록

여기에 '이뻐~' 라는 말을 더하면 환상적 조합이 된다.

'내가 왜 당신이랑 결혼했는지 몰라!'라고 했다면, 아내는 말을 통해 어떤 목적을 달성하기보다 스트레스 상황에서 감정을 해소하려는 의도이다. 이럴 때, '그래, 음~ 나도 미쳤지!'라고 맞장구치면 남편은 바로 응급실행이다… ㅎㅎㅎ

아내가 시어머니에 대해 불평을 했다면 '우리 어머니는 훌륭한 분이야. 그럴 리가 없어'라기 보다, '그래, 당신 서운했겠다. 내

가 다 이해해'라는 식으로 상대가
듣고자 하는 말로 감정을 이해해줘
야 한다. 아내에 대해 어머니가 당
신에게 불평했다면 '그 사람 그런
사람 아닌데요. 어머니가 이해해주세요'라고 하기보다 '그래요.
그 사람이 좀 부족하네요. 제가 한 마디 할게요'라는 정도가 좋
다. 이런 상황에서는 논리적인 말로 나의 생각을 상대에게 설득
시키려 하면 불난 데 부채질 하는 격으로 감정의 골만 깊게 한
다. 시시비비를 가리는 심판관보다 넉넉한 후원자가 되라.

8) 무의식에 나도 모르는 내가 있다

우리는 어릴 때 없는 듯이 조용히 살지만 다 큰 우리 내면에
분노로 가득 찬 외롭고 두려운 아이가 있기도 한다.

이러한 미성숙 상태에서 오는 낮은 자기존중감으로 인해 누가
조그만 무시해도 발끈하며 진노발작하기도 하거나, 하고 싶은 게
아무 것도 없는 의욕상실증에 빠져 무기력 해지기도 한다.

주위 사람과의 건전한 소통은 우리 안에 있는 치유의 힘을 끌

어내주는 역할을 한다.

시간이 되면 아름다운 나비로 변하는 애벌레 어디에 아름다운 나비의 날개가 보이는가? 사람은 누구나 자신의 마음 안에 치유의 힘과 성장을 위한 방향성이 존재해 있다.

9) 타인의 어리석음을 보고 화내지 마라

타인의 어리석음을 보고 화내지 말자. 이 세상에 바보가 없다면 우린 누굴 보고 웃고 살 것인가.

말로 싸워 이길 수는 없다. 가령 친일과 같은 역사적 해석의 문제를 그의 후손들과 논쟁한들 그들에게 조상들 잘못을 시인하게 설득할 수 있는가?

바보들과 논쟁을 해서 그들을 정상적으로 판단하게 할 수 있는가? 내가 같이 바보가 될 뿐이다.

10) 세상에 나 같은 놈이 참 많구나

'모든 중생이 전생에 내 부모형제 아닌 적이 없다' 라는데, 설마 지금 이 놈이 내 전생에…

내가 누군가와 시비가 붙으면 '세상에 나같은 놈이 참 많구나' 라고 생각해라. 서로 임자 만난 거다.

소인을 건들이지 마라. 그들을 상대할 임자는 따로 있다. 내가 아니어도 욱 하니 성질부리는 사람은 누군가 응징해주니 그냥 보내라.

그가 개같다고 사람인 나도 같아질 수는 없잖은가.

11) 아이를 돌볼 때

아기가 무엇을 해도 울음을 그치지 않을 때는 엄마도 지치게 된다. 일단 아기를 안전한 상태로 위를 향하도록 눕히고 잠시 그 장소를 떠나도 좋다. 순간적으로 분노가 치밀어 오를 때는 잠시 아기와 떨어져 감정을 발산하는 것이

좋다. 다른 방에서 이불이나 쿠션을 차거나 얼굴을 파묻고 소리를 질러도 좋다.

그냥 감정을 억누르는 것보다는 어떻게든 발산하는 것이 해소에 도움이 된다. 가족이 있다면 아기를 잠시 데리고 나가서 30분 정도 산책하고 오도록 부탁하도록 하자. 아기 울음소리에서 벗어나면 엄마의 기분도 좋아지게 된다. 아기는 엄마가 느끼는 감정에 민감하므로 엄마의 정서적 안정이 아기의 정서적 안정과도 직결된다는 것을 명심한다.

12) 어린 마음에 생긴 상처

어릴 적 아이가 엄마 심부름으로 물이 바닥만 남은 항아리에서 바가지로 물을 뜨려다 그만 빠졌다. 발버둥치다 항아리가 넘어져 깨졌다. 엄마에게 꾸중을 듣고 '나는 죽을 뻔 했는데 엄마는 그것도 모르고 야단을 치다니… 엄마는 나를 항아리보다 못한 존재로 여기구나' 라고 혼자 생각하며 큰 상처를 받았다. 세월이 흘러도 감정은 없어지지 않는다. 진심으로 사과해야 상처가 아문다.

다 커서 그런 얘기를 했더니 엄마가 '내가 그걸 알았다면 그렇게 야단을 쳤겠느냐? 미안하다!' 했다. 이 말을 듣고 딸은 울음이 터져 나오고 상처가 봄눈 녹듯 사라졌다. 엄마가 사과하고 딸이 엄마의 과거 행동을 이해하며 비로소 다 용서가 된 거다.

이보다 한 차원 높은 용서가 성경에 나온다. 예수는 자신에게 십자가를 지운 가해자들이 사과하고 뉘우치기는커녕 조롱하고 핍박하는 데도 다음의 말로 다 이해하고 용서한다.

"주여, 저들을 용서하소서! 저들은 저들이 하는 짓을 모르나이다."

13) 우울한 때라도 명랑해질 수 있다

우울한 느낌은 살다보면 당연히 일어납니다. 그런데 조금 있으면 사라질 느낌에다 과거 우울했던 일을 회상해서 생각을 가져다 붙이면 느낌이 사라지지 못하고 생각 때문에 계속해서 이어져요. 생각에 빠져있지 말고 생각한다는 것을 알아채서 생각밖으로 나오세요.

- 혜민스님

한 실험에서, 참가자들이 일어나서 손을 높이 들고 위아래로 뛰어보게 했다. 이렇게 몸을 격렬히 움직일 때 사람은 우울한 기분을 느끼지는 않는다.

우울의 가장 좋은 해독제는 왕성한 활동이다. 우울할 때는 몸을 활발히 움직이는 것이 좋다. 거리를 걷고 노래를 불러보는 것이 큰 도움이 된다.

한 병원에서 겨울을 보내며 우울증이 더 심해진 환자들이 병원관계자와 함께 근처 숲을 찾았다. 피톤치드, 음이온, 새소리 같은 숲은 환경이 인체의 면역력을 높이고 건강을 증진시키는 것은 널리 알려진 사실이다. 환자들은 산책 중에 악기도 연주하고 숲 속 오솔길을 걸으면 2주일이 지났다.

2주전 암환자 혈액 속에 암을 죽이는 면역세포가 300개였던 것이 숲 속 산책을 2주 하고 나서는 면역세포수가 400개로 무려 30%나 증가했다. 또한 몸 속 면역세포를 활성화하는 퍼포린과 그랜지임이러는 호르몬도 최고 2배나 승가했다. 이러한 효과는 숲을 떠난 뒤 2주일 동안이나 지속되었다.

14) 내면의 사나운 개

송나라에 술을 잘 빚기로 유명한 사람이 있었다. 그는 사람들에게 친절하고 정직한 사람이었다. 이 사람이 최고의 술을 빚어서 동네사람들이 오기를 기대했지만 사람들의 발길이 없었다. 고민하다가 어느 지혜로운 마을사람에게 물었더니 '당신 집을 지키는 사나운 개가 무서워 그런다'고 했다.

날카로운 송곳은 주머니에 감춰도 드러난다. 아무리 큰 재주가 있어도 내 마음 안에 사나운 개가 있어 진정으로 남을 포용하지 못하면 나의 뛰어난 재주가 제대로 인정받지 못한다.

15) 주부의 화풀이 연쇄방화

C씨는 유복한 집안의 장녀로 대졸 졸업 후 대기업을 다니다가 결혼 후 아이를 낳아 기르는 평범한 전업주부였다. 남편이 직장에서 정리해고를 당한 후 100번이 넘는 재취업 응시에도 번번이 낙방을 했다. 생활고와 암담한 미래에 가슴 졸이며 사는데, 시어머니는 '잘나가던 내 아들이 너를 만난 뒤 되는 일이 없다'고 구박하자 뭔가 화풀이를 하지 않으면 견딜 수가 없어 주변에 불을 지르기 시작했다.

이렇게 시작된 방화는 암울한 현실에서 유일한 탈출구였다. 21차례에 걸쳐 아파트 현관 쓰레기 봉투, 수도계량기, 엘리베이터 등에 불을 질렀다.

"활활 타오르는 불을 보면 생활고를 잊고 희열에 빠졌어요." 주택가 연쇄 방화혐의로 조사를 받던 그녀는 울음을 터뜨렸다.

화는 무의식에 쌓이면 그 화풀이할 만한 장소와 시간을 기다리다 충동적으로 분출 된다. 화풀이 대상은 대개 보복능력이 없는 애꿎은 약자를 향하게 마련이다.

현재 마음에 분노가 가득하고 편협함에 사로잡혀 쉽게 마음을 열지 못하는 마음은 과거의 산물이다. 이미 화내기로 작정한 나에게 지금 성냄의 이유란 핑계거리에 불과하다. 내 무의식에 쌓인 과거 체험이 현재라는 가면을 쓰고 있다.

현재의 분노는 과거의 내가 고개를 내민 거다.

16) 매순간 마음을 들여다 보라

마음의 밭은 잠시라도 내버려 두면 잡초가 무성해진다. 마음이 쏘다니는 대로 내버려두면 곧 잡념에 지배 당한다.

엎어지고 넘어지며 괴로움에 지배당하기 전에 마음을 들여다 보고 자신을 안일함의 수렁에서 끌어내라.

마음은 내버려두면 가시덤불로 가득 차기도 하고, 제대로 가꾸면 향기 가득한 꽃밭이 되기도 한다.

향기 가득한 꽃밭이 되기도 한다.

내가 어떤 사람인지, 남이 나를 어떻게 생각하든지 나는 나인 것을 기꺼워하고 산다. 내가 나다운 거를 어쩌랴.

이렇게 마음에 고이지 않고 흘러가 버리니 속 편하다. 속 편해서 잘 잔다. 자기다움을 받아들이면 매일이 즐겁다.

17) 분노의 근원

화는 과거에 축적된 자신의 내면적 원인에 근거한다. 그러니 지금의 화는 과거형이다. 화내는 상황을 보면 사실 화낼 만한 일이 아닌 경우가 대부분이다. 과거 체험으로 자신 안에 쌓인 분노를 분출하기 위하여 '화내기로 작정한' 사람에게 그 상황은 화를 분출하는 기폭제였을 뿐이다. 화내는 대상은 보복우려가 적은 여성, 노약자를 향하는 경우가 대부분이다. 엄마에게 혼난 아이가 만만한 강아지를 걷어차는 식이다.

내가 느끼는 일상의 것들은 나 자신에게 달렸다. 그 누구도 나를 불행하거나 화나게 할 수 없다. 마음을 닫으면 창살이요, 마음을 열면 새처럼 훨훨 자유인이다.

녹은 쇠에서 생겨 자신을 먹는다. 증오와 분노는 내 마음에서 생겨 상대가 아닌 나의 몸을 상하게 한다.

2. 병을 부르거나 물리치는 힘은 마음이다

1) 부정적인 사고 방식이 병을 부른다

어느 의사가 어떤 유형의 사람들은 유독 자주 다치거나 아파 병원을 찾는다고 한다. 그들을 관찰해봤더니, 매사에 부정적인 시각을 가지고 있었다. 병을 근본적으로 치료하기 위해서는 마음 속에 뿌리깊게 자리 잡은 부정적인 사고방식을 긍정적으로 바꿔줘야 한다는 것이 그의 결론이다.

그런 의미에서, 환자들은 물리적 치료와 약 의 처방만 되풀이 할 것이 아니라, 마음을 치료 하고 다스리는 법을 먼저 배워야 한다.

2) 감사 노트

미국의 저명한 방송인 오프라 윈프리가 불우했던 어린시절 하루 다섯 가지씩 감사노트를 써서 꿋꿋이 역경을 이겨내고 성공을 일궈냈다.

긍정적인 시각으로 매일 감사할 일을 몇 가지씩 적으면 3주 만에 뇌가 긍정적으로 변한다. 아내, 자녀, 부모, 주위 지인, 직장 동료, 이웃 등을 향해 감사하는 마음으로 찾다 보면 미처 몰랐던 긍정적 사실들이 쏟아져 나오면서 신기하게도 부정적인 감정이 눈 녹듯 사라져 몸이 가쁜 해지며 에너지가 넘친다.

이에 착안해 우리나라에서도 기업이 감사경영을 도입해 큰 성과를 거두었다. 포스코는 감사경영을 도입한 후로 설비 고장률이 2010년 0.23%에서 2012년 0.13%로 절반가량 줄었는데, 감사경영 도입으로 직장 분위기가 화기애애해지고 가정불화를 겪던 직원들도 안정을 찾고 근로의욕이 높아진 덕택이라 한다.

기억력에 가장 좋은 약은 감탄하는 것이다.

- 탈무드

3) 용서의 기적

암으로 죽음을 앞둔 이발사가 이 세상을 떠나기 직전 마음을 비우고 떠나기 위해 그동안 자신이 미워했던 사람들 이름을 종이 한 장에 한 명씩 적었다. 그리고 불을 붙여 한 장 한 장씩 태우며 마음으로 용서하며 펑펑 울었다. 그러자 마음에 고요한 평화가 찾아왔다. 그리고 그에게 기적이 찾아왔다. 암에서 완치되어 새 삶을 얻게 된 것이다. 신부님에게 들은 실화다.

4) 용서가 명약이다

미국 미시간주 호프대 연구팀이 일단의 대학생들에게 마음의 상처를 입은 순간 겪었던 부정적 감정을 16초 동안 떠올리게 했더니 심장박동수가 분당 26회→39회로 증가하고, 혈압도 2.5mm/Hg 정도 상승했다

잠시의 휴식 후, 그 사람을 이해하고 개인적 장점을 떠올리며 용서하려는 마음을 16초 동안 갖게 하자 심장박동수와 혈압이 정상수준으로 회복되었다.

5) 성자의 가르침, 용서

공자의 용서 :

제자들이 한평생을 통해 君子가 지켜야 할 도리를 한 가지만 말씀해달라 하자 공자는 "용서하라"했다. 용서, 이것만이 평생을 통해 지킬만한 단 한 가지 교훈이다.

부처의 용서 :

친절하고 자비로우라. 자기에게 오는 어느 누구라도 더 즐겁고 유쾌하지 않고는 떠나 보내지 말라. 자비심은 최고의 마음가짐.

예수의 용서 :

앙갚음 하지 말아라. 누가 오른뺨을 치거든 왼뺨마저 내주고 또 재판을 걸어 속옷을 가지려 하거든 겉옷까지도 내주어라.

6) 사회적 스트레스

미국 오하이오주립대 연구팀에 의하면, 권위적인 상사 등 조직 생활에서 발생하는 사회적 스트레스가 영양실조, 수분 부족 등 신체적 결핍보다 훨씬 건강에 치명적이라 한다. 사회적 스트레스는 면역제계의 과잉반응을 야기해 숙음에 이르게 할 수 있다는 것이다.

연구팀은 한 그룹의 쥐를 매일 2시간씩 공격적이고 힘센 쥐들에게 괴롭힘을 당하게 하고, 다른 그룹은 실린더관에 가두어 16시간 동안 물과 음식 공급을  중단했다. 이후 쥐들을 세균성 독소에 노출시켰더니 사회적 스트레스를 받은 그룹이 신체적 결핍 그룹보다 치사가능성이 2배가 높았다.

'죽음에 이르는 분노'의 저자 레드포드 윌리엄스에 의하면, 스트레스성 호르몬 코티졸은 동맥에 수많은 작은 상처를 내기 때문에 반복되는 분노는 심장질환을 유발할 수 있고, 면역성을 떨어뜨려 암에 걸릴 위험도 높아진다.

분노에 특효약은 세라토닌 주사인데 한 방에 30만원이다. 그런데 손벽치며 폭소할 때 우리 몸에 저절로 생성되니 우리의 한바탕 웃음값이 30만원이다. 화내더라도 꼭 웃음으로 치료하라.

3. 분노의 이해

1) 현재 우리 행동의 이면은 과거형이다

학교 끝나고 집 현관 벨을 누르는 아이가 문을 늦게 열어주는 엄마에게 짜증을 낼 때 엄마는 '문 늦게 열어주는 것이 그리 짜증낼 만한 일이니?'라고 생각하겠지만, 아이는 문을 늦게 열어준 것이 짜증스러웠다기보다 더 큰 이유는 배가 고팠거나 지난번본 시험성적이 신통치 않아 그걸 엄마에게 말하기가 부담스러워서 일 수도 있고, 아니면 학교에서 수업시간에 딴짓하다 선생님에게 혼났거나 친구와 싸워서 일 수도 있다.

이렇게 현재의 행동의 이면에는 항시 과거의 일이 도사리고 있다. '종로에서 뺨 맞고 한강에서 눈 흘긴다. (Go home and kick the dog)'는 속담처럼 이전 상황에서 축적된 감정은 이를 드러낼 장소와 대상이 주어지면 고개를 내밀게 된다. 추운 겨울 꽁꽁 얼었던 땅이 봄이 되어 포근해지면 새싹이 나오는 것처럼 억압된 감정은 여건이 되면 반드시 드러나게 된다.

이러한 감정의 분출은 좌절, 상처에 대한 정당한 생존반응이다. 생명력이 일부, 즉 살아있음의 표현으로 이해되어야 한다.

2) 우울 뒤에는 분노가 잠복해 있다

분노는 우울의 감춰진 얼굴이다. 분노를 두려움 때문에 표현하지 못하거나 스스로 정당한 대접을 받아야 마땅한 사람이라는 자존감이 형성되지 못해서 표현하지 못할 때 우울이 발생한다.

언젠가 무장탈영병이 2명을 죽이는 사건이 있었는데, 그 사람의 중학교 학생기록부를 보면 '너무 착해서 탈이다'고 되어있다. 우울한 만큼 공격성의 골도 깊었지만, 100% 순응으로 내면에 잠복된 공격성을 모른 채 평소 조용한 성격으로 살아왔다. 이렇게 우울과 분노는 쌍둥이이다. 분노는 우울의 감춰진 얼굴이다. 우리나라는 참는 게 미덕인 사회적 기대 때문에 화병이 많다. 자기자신과 접촉이 안되고, 순응하는 사람으로 살아간다.

3) 분풀이와 폭력의 전염

개코원숭이는 자신에게 해를 끼친 가해자에게 반격할 수 없을 때 약한 대상을 찾아 분풀이 한다. 엄마에게 혼난 아이가 강아지를 걷어차는 식이다. 체험은 무의식에 고스란히 남아서 언제가 드러나 우리의 의식을 지배하고 행동을 야기한다. 이처럼 인간의 현재 행동은 과거에 뿌리를 두고 있다.

20세인 존 머드라는 청년이 어느 날 갑자기 그가 5세 되던 해에 겪었던 기억이 떠올랐다. 그는 기억을 경찰에 신고했고, 그 결과 15년간 미제로 남아 있던 강력사건이 해결되었다.

순한 사람이 화내면 무섭다고 한다. 순한 사람이 화를 잊는다고 마음에서 온전히 사라지는 것이 아니다. 제대로 의미를 만나지 못하면 속병이 된다.

전쟁의 상처는 3대를 간다고 한다. 6.25전쟁 이후 우리 시대가 그 3대에 해당한다. 처절했던 증오와 고통의 시대에 받았던 스트레스가 생리적 유전처럼 후대에 전달되어 요즘 사회가 극도로 포악해진 상태다. 디지털화 도시화로 자연의 순환고리에서 멀어지고 피폐해진 생활방식이 증폭 작용을 하고 있다.

쥐를 우리에 넣고 반복적으로 전기충격을 가했다. 나중에 그 쥐를 해부해보니 위궤양이 발생하고 부신 크기가 비대해졌다. 전기충격으로 인한 과도한 스트레스가 원인이다.

같은 조건의 우리에 나무 막대기를 넣으면 전기충격으로 인한 스트레스 상황에서 쥐가 나무막대기를 씹는다. 그 덕분에 위궤양도 덜하고 부신의 비대도 덜하다.

세 번째 실험에서, 우리에 쥐 두 마리를 넣고 전기충격을 가하니 충격에 포악해진 쥐들이 서로 계속 싸웠다. 그 쥐를 해부해보니 위궤양도 없고 부신 크기도 정상이었다.

그러니 현재의 일그러진 폭력적 사회상이 생존을 위한 본능적인 몸부림이라는 거다. 남자아이들의 성취가 위축되고 청소년 문제가 심각해지는 주요 원인도 이러한 활동성 제약이 주요인이다. 활동성이 넘치는 사내 아이들에게는 뛰어 놀 놀이터가 필요하고 품어줄 자연이 필요하다. 학원으로 몰아세우는 도시에 절망이 가득하다.

걷기나 달리기를 통해 활발하게 몸을 움직이면 우울한 기분이 사라진다. 잘 들어주는 사람과 '충분한 대화'를 통해 마음을 후련히 발산하거나, 더 나아가 심리적 문제의 원인을 짚어줄 수 있다면 더할 나위가 없으리라.

집에서 형제들이 싸우는 것도 실험실 상황의 전기충격에서 쥐들이 전기충격으로 인한 스트레스 때문에 서로 싸우는 거와 유사하다. 형제들이 건강하게 커나가는 과정으로 이해하고 부모들은 여유를 가질 필요가 있다

4) 파워게임

닭장 안의 닭 무리, 원숭이 무리 중에도 파워게임이 있고, 세력이 우세한 놈이 우두머리 역할을 하며 무리를 지배한다. 아이들 사이에도 이런 파워게임이 존재하고 가해 및 피해의 양상이 펼쳐지는데, 이는 성장기 통과의례라고 할 만큼 어느 시대에나 나타나는 현상이다. 어른들 사회에서도 강자가 약자를 핍박하는 상황이 일상적인데, 그럼에도 사회가 유지되는 원동력이 뭘까

생각해본다.

미국 사회심리학자 셰리프는 여름 캠프에서 남자 아이들을 무작위로 여러 그룹으로 나눠 경쟁시켰다. 그 결과 자연스럽게 각 그룹에서 우두머리 역할을 하는 알파리더가 등장했고, 각 그룹간에 근거없는 수 많은 편견과 의혹이 생기고 갈등과 분쟁이 야기되었다. 우리 사회의 집단갈등, 지역감정, 니편 내편 가르기가 내재적 본능이라는 것이다.

이러한 집단간의 충돌에서 공정성, 형평성, 투명성 등을 나누는 잣대는 그 구성원의 양심적이고 주체적인 기준보다 내가 속한 집단의 이해에 부합되느냐 여부가 기준이 된다. 미국 사회심리학자 밀그램이 평범한 피실험자에게 타인을 전기 고문하는 실험을 했었는데, 실제 상황으로 이해한 그들은 고문받는 사람의 비명을 듣고 괴로웠지만 대부분의 권력의 명령이라는 이유로 자신의 행동을 정당화하며 고문을 계속 가했다. 이것이 괴테, 칸트, 베토벤 같은 위인을 탄생시킨 독일인들이 그들의 이웃이었던 유대인 600만명을 학살한 이면에 도사린 심리기제이다.

자유민주주의 가치를 중심으로 건전한 상식과 사회통념에 부

합하는 정의로운 사회의 길목에는 이런 개인 및 집단의 비합리
성과 이기주의가 가로막고 있다. 근대 자유민주주의가 탄생하기
까지 거쳤던 프랑스의 수많은 혁명 투쟁과 반란 그리고 우리나
라 민주주의 험난했던 여정 등이 이를 반증하다. 이런 내재적 역
풍으로 인해 우리 사회 앞에 놓인 과제가 여전히 무겁다.

까치부부가 뒤엉켜 싸우는 장면을 본적이 있는데, 동물의 무
리에서 흔히 관찰되는 장면이다. 경쟁과 싸움은 모든 생명체의
본능이다. 인간은 공격성을 통제할 수 있는 능력을 배워나가
야 한다.

5) 성인 ADHD와 진노발작

소아청소년 주의력결핍과잉행동장애(ADHD)의 약 60%는 성인
ADHD로 이어지는데 성인 ADHD는 진단이 쉽지 않다. 즉 성인
ADHD는 새로이 발병하는 것이 아니다. 이러한 사람은 한번 욱
하면 성질을 참지 못하는 성격 탓에 회사생활이나 가정생활에
어려움을 겪을 수 있다.

성인이 되면서 과잉행동은 자연스럽게 소실되는 경우가 많고,

대신 충동조절이 어렵고 주의력과 집중력이 낮아져 일처리에 실수가 잦고, 주부는 살림을 엉망으로 하고 아이들에게 불쑥 화를 내며 건망증이 잦다. 이러한 성인 ADHD 환자는 약물이나 알코올 의존도가 높고 부부생활에 문제를 겪을 가능성이 일반인에 비해 현저히 높다.

여러 가지 일을 동시에 진행하는데 어려움을 가진 사람은 메모를 일상화하고 다이어리를 이용해 계획을 잘 세워 실행하는 습성을 들인다.

6) 행동 및 환경 풍부화 프로그램

동물원의 우리 안 환경을 대폭 바꿔 동물들의 생활습관을 변화시켜주자 동물들의 비만·이상행동이 크게 줄었다. 하루종일 시멘트 바닥에 누워 잠만 자느라 복부비만에 걸린 침팬지에게 훌라우프를 넣어주자 이것으로 장난을 치는 등 활동성이 증가해 아랫배가 홀쭉해졌고, 들소 우리에 통나무 샌드백을 매달아 주었더니 들소들이 이를 들이 받으며 질주충돌 본능을 발산하게 되어 만성 위장병과 소화불량이 사라졌다.

동물원에서 동물이 활동성이 제약되는 좁은 우리에 갇혀 있다보면 스트레스를 받아 살이 찌고 비정상적인 고착행동을 반복하는데 이를 교정하기 위해 행동풍부화(behavior enrichment)/환경풍부화(environment enrichment) 프로그램을 시행한다.

고위직 외교관인 A씨는 10년째 아침마다 온 가족이 5분간 국민체조를 한다고 한다. 불규칙적인 일과와 책상머리를 오래 지켜야 하는 직업의 특성상 오기 쉬운 각종 신체적 트러블 예방에 효과적이라 한다. 운동의 효과도 있겠지만, 그보다는 온 가족이 참여하는 신체활동을 통해 마음을 이완하고 화기애애한 분위기가 하루를 긍정적으로 시작하게 한다.

도시화/오피스 환경도 동물원 우리 개념에 가깝다. 직장이나 가정에서도 행동풍부화(behavior enrichment)/환경풍부화(environment enrichment)를 위해 손으로 만지작거릴 운동기구, 훌라우프 등을 두거나, 눈의 피로를 풀고 심신을 이완하기 위해 기지개를 켜고 심호흡을 하거나 서성이기 혹은 가벼운 산책 등을 권장한다.

4. 행복이란

> ❝ 소록도에 갇혀 지내는 한센병 사람들이 당신들 눈에는 불쌍
> 하지? 거기도 사람 사는 곳이고 행복이 넘치는 곳이다. 사지
> 멀쩡하고 세끼 걱정 없는 당신이 신세 한탄하는 것을 보니 사
> 람이 행불행 앞에 평등하구나. ❞
>
> - 법우 스님

1) 행복을 드리고 싶어요

네 잎 클로버가 행운이라며 열심히 찾던 어린시절 기억이 납니다. 흔하게 보이는 세 잎 클로버는 행복이라고 합니다.

세 잎 클로버처럼 행복은 우리 손길 닿는 곳에 있지만 외면하고 행운만을 찾으려 하지요.

'뭔가를 얻으면' '뭔가를 성취하면' '저 산을 넘으면' 이라는 조건을 행복의 전제조건으로 삼는 삶은 늘 숨가쁜 오르막

길이죠.

감사하면 내가 서 있는 곳이 바로 정상이죠.

이미 매 순간이 네 잎 크로바 행운의 날입니다. 매순간에 몰입하세요

불행하다 여기는 순간 삶은 늘 정상을 향해 가는 가파른 오르막 길입니다

'삶은 고해의 바다' 라지만 행복 여부는 마음이 지어냅니다.

2) 행복은 어디서 오는가

"고민이 많고 스트레스 잘 받는 사람은 스스로 변하지 않는 이상 어떤 상황에서도 늘 고민하고 스트레스를 받을 수 밖에 없다. 위치와 처한 상황에 따라 종류만 다를 뿐 어떤 형태로든 스트레스가 야기된다." 어느 지인의 말이다.

높은 자리, 더 넓은 집, 그리고 더 멋진 연인 등과 같은 외적

요인이 행복을 보장하지는 않는다. 즉 행복은 노력만으로 되는 것이 아니고 선천적 요인인 유전자가 개인이 행복을 느끼는 성향에 결정적인 영향을 미친다.

미국의 데이비드 리켄이 4,000쌍의 쌍둥이를 연구한 결과에 의하면, 행복을 느끼는 정도는 선천적 요인이 80%를 차지한다. 영국의 티머시 베이츠는 그 요인을 50%로 봤다. 그에 의하면, 행복과 개인의 성격이 높은 상관관계를 가지고 있다.

그는 행복한 사람에 대한 특징으로, 첫째 자신을 매우 사랑한다, 둘째 낙천적이다, 셋째 외향적이다 라고 했다. 나머지 50%는 후천적 요인이라니 행복을 위해 노력할 가치가 있는 거다.

많은 행복에 대한 연구가 있는데 그들의 공통점은, 사람이 가장 행복할 때는 미래의 목표보다 현재의 상황에 완전히 몰입하는 순간이라 한다. 현재에 몰입하기 위해서는 명확한 목표가 주어지고, 활동의 효과를 바로 확인 할 수 있으며, 과제의 난이도와 실력이 적절히 균형을 이룰 때 가능하다.

"지금 현재에 그대는 만족하는가? 지금만이 우리의 전부!

지금 현재가 아닌 다른 곳에 있으려는 자의 삶은 쓸쓸하여라!"

3) 행복 찾기
행복했던 순간을 스크랩하라.

학창시절 친구들을 만나라. 신분으로 만나는 거가 아니라 인간대 인간으로 만나는 거다. 친구가 임마 쩜마 하면서 막 대하기도 하지만 동창들 만남이 이런 거가 좋다. 서로 벽이 없이 격의 없이 편하게 만날 수 있는 것이다.

우리가 고향을 찾는 것도 행복했던 순간을 스크랩하는 의미다. 수구초심이라고 천리길 먼길의 피곤도 고향을 찾는 설렘과 잠시의 스침만으로도 씻은 듯 가뿐해진다.

4) 행복은 성적순이 아니다
올림픽에서 은메달과 동메달 중 뭐가 더 기쁠까? 행복은 금-동-은 순이라고 한다. 은메달리스트는 간발의 차로 금메달을 놓

첬다는 아쉬움에 불만족을 느낀다. 자신보다 나은 성적을 낸 금메달리스트에 눈높이가 고정되어 비교하기 때문에 상대적으로 불행한 것이다.

미국의 1,500미터 세계기록 보유자로 1912년 올림픽 부동의 우승후보였던 아벨은 마지막 몇 미터를 남기고 추월당해 은메달에 그쳤다. 90살이 넘어서도 한밤중에 깨어나 '도대체 내가 어떻게 그 경기에서 금메달을 놓쳤지'라며 자책 했다고 한다.

이에 비해, 동메달리스트는 '그나마 동메달도 다행이다. 이마저도 못 딸 뻔 하지 않았는가'라고 다행스러워하기 때문에 금메달리스트와 비슷한 만족도를 보였다.

행복은 상대적 느낌이다. 주변과의 비교, 자신의 기대수준과의 비교가 행복에 큰 영향을 미친다. 내가 시험공부를 제대로 못해 40점 정도 받을 거라 생각했는데, 70점을 받았을 때 기쁘다. 그런데 같이 놀았던 철수가 80점을 받았다는 것을 알았을 때 내 점수가 불만스러워졌다.

'존 리스트'의 동기유발 실험

시험을 치르게 전에

A집단에게 : 20달러짜리 지폐를 나눠주며 "점수가 지난번보다 높아지면 20달러를 갖게 된다. 그러나 성적이 떨어지면 이 돈을 뺏겠다."

B집단에게 : "점수가 오른 학생은 결과가 나오는 즉시 20달러를 주겠다."

C집단에게 : "성적이 오른 학생에게는 한 달 뒤에 20달러를 주겠다."

위의 실험 결과 A집단의 인센티브 효과가 B집단보다 높았고, C집단에는 나타나지 않았다.

이 실험의 의미는, 아동이나 청소년의 세상은 현재가 지배한다는 것이고, 따라서 동기유발도 현재의 보상을 고려해야 한다는 것이다.

기업에서 한 집단에게는 목표를 넘으면 상여금을 지급하겠다, 다른 집단에게는 목표를 밑돌면 상여금을 뺏겠다고 했다. 그 결과, 상여금을 얻을 수 있는 기대보다 상여금을 잃을 수 있다는 두려움이 더 목표달성을 촉진했다.

화날 때 ⑤ 분 멘토

제 2 장
웃음치료

웃음은 모든 부족함을 채워준다. 웃으면 눈이 가늘어지고 양볼이 두툼해지고 입꼬리가 올라가며 얼굴 분위기가 환해진다. 가장 좋은 관상의 특징이다. 그러니 그냥 웃고 살면 관상이 좋냐 여부를 생각할 필요도 없다.

'웃으면 복이 와요' 라는 말이 있으니, 복이 들어오는 관상이 아니라도 웃으면 해결 되는 것이다.

웃음치료는 웃음을 통해 질병으로 인한 고통과 스트레스를 줄이는 치료법이다. 웃음치료는 미국인 노먼 커즌스가 강직성 척수염에 걸렸을 때 코미디 방송을 볼 때면 통증이 줄어드는 데 착안해 시작되었다.

미국 스탠퍼드대학의 윌리엄 플라이 교수에 의하면 15초 동안의 박장대소(손벽을 치며 크게 웃음)는 100미터를 전력질주한 만큼의 효과가 있고, 크게 한번 웃으면 윗몸일으키기 25번 혹은 3분 동안 힘차게 노를 젓는 만큼의 효과가 있다고 한다.

엔도르핀 주사 한방에 2천만원이라 하는데 웃고 산다면 벌이가 시원치 않는 사람이라도 매일 2천만원씩 쓰는 셈이다.

웃음 십계명

① 숨 쉴 때마다 웃어라

② 아침에 일어나자마자 웃어라

③ 마음까지 웃어라

④ 크게 웃어라

⑤ 억지로라도 웃어라

⑥ 거울을 볼 때마다 웃어라

⑦ 즐거운 상상을 하고 웃어라

⑧ 힘들 때 웃어라

⑨ 함께 웃어라 (엄청난 증폭효과)

⑩ 박장대소(손벽을 치며 크게 웃음)하라

그리고 **닥치고 웃어!** ㅎㅎㅎ

1. 최불암식 푸하하~ 웃음

목숨을 걸고 웃어라. 실성한 사람처럼 웃어라. 손뼉치고 박장대소하라. 혼자 웃기 기네스북 기록은 1시간 30분이고 우리나라 기록은 30분이다. 실제 웃음과 거짓웃음의 생리적 효과는 동일하다.

길다가 웃기가 멋쩍으면 핸드폰을 꺼내 여보세요, 아, 네, 당연하죠… 라고 통화 하는 척 최불암식 푸하하~ 웃음을 지어라.

운전 중에 푸하하하~ 웃어라

머리카락이 더 이상 빠지지 않고 누렇거나 검푸른 얼굴이 사라지고 혈색 넘치는 건강한 얼굴로 바뀐다. 건강이 넘친다. 암도 치료된다.

"아브라함은 이삭을 낳고, 이삭은 야곱을 낳고…"에서 이삭은

히브리어로 웃음이라는 의미다. "하느님이 세상을 만들고 보시기에 좋았다"도 만족스런 웃음의 의미이다.

욱! 하는 성질을 가진 사람은 빨리 늙고 장수에 지장이 있다. 성질 죽이고 살아라! 가슴의 칼을 빼서 버려라. 그 칼은 원수를 베기도 전에 나를 먼저 쓰러뜨릴 것이기 때문이다. 같은 물도 젖소가 마시면 젖이 되고, 독사가 마시면 독이 된다고 한다. 아무리 좋은 음식을 챙겨 먹어도 노하면 그 음식이 독이다.

어린이는 과거를 묻지 않는다. 떼쓰고 울다가도 원하는 것을 손에 쥐면 금새 웃음이 살아난다. 어른의 문제는 과거를 잊지 못하는 것이다.

내가 먼저 아는체하고 먼저 인사하고 막 베풀면 되는 거다. 나만 고집하면 세상이 내 적이 되고, 나를 버리면 세상이 내 편이 된다.

감사지수가 행복지수라 한다.

최불암식 푸하하 웃음이란

장가 간 아들 내외가 사이가 좋아 둘 사이에 웃음이 끊이지 않는데, 홀로 계신 어머니 눈치를 보느라 쏟아지는 웃음을 억누르며 숨가쁘게 학~학~(하악하악) 소리 낮춰 헐떡이듯 웃는 웃음에서 유래되었다 한다.

폭탄처럼 웃음도 터트리려면 기폭장치가 필요하다. **숨을 가슴 깊이 들이마신 후 최불암 얼굴을 떠올리며 활짝 웃는 표정으로 일시에 세게 숨을 내시며 푸하하하~** 해보라. 이런 식으로 반복해서 마구 웃으면 핵폭탄처럼 연쇄적인 핵분열이 일어나 웃겨서 죽는다.

박수를 치면서 웃으면 훨씬 효과가 크다. 웃음보가 터진 아이들이 방바닥을 데굴데굴 구르며 방방 뛰며 웃듯이, 어른노 **빅장대소**(손벽을 치며 크게 웃음)하고 웃어야 전신운동과 내장 마사지 효과가 있다.

2. 웃음이 복을 부른다

나의 기운은 만상에 스며든다. 특히 말로 하는 마음의 전달은 더 강하게 사람이나 사물에 스며들어 영향을 미친다.

옷가게를 운영하는 A씨는 가게에 진열된 옷을 향해 마음 가득 웃음을 지으며 '이쁘다' '사랑스럽다'를 연발하며 칭찬한다. 그 중 유난히 관심과 사랑을 듬뿍 받은 옷이 그날 쉽게 팔려나간다.

이런 감사와 사랑의 마음으로 밝고 즐거운 표정을 지으며 맞으니 고객이 쉽게 지갑을 연다. 돈을 받으면 마음 속으로 다시 감사를 연발하며 쓰다듬고 이뻐한다. 잔돈을 건네며 다시 행복한 표정으로 만면에 웃음 가득히 속으로 '돈아 잘가, 다시 보자'하며 웃음인사를 나눈다.

세상을 향해 웃으면 세상은 더 큰 웃음을 선사한다. 웃다보면 성공한다.
웃음으로 고객의 마음을 열고, 감사와 웃음으로 성공을 부른다.

3. 행복해서 웃는 것이 아니라, 웃다 보니 행복해진다

우울증 환자가 맞는 세라토닌 주사는 한방에 30만원이라고 한다. 손뼉치며 폭소할 때 우리 몸에서 저절로 생성된다고 하니 우리의 한바탕 웃음값이 30만원이다. 하루종일 웃으면 하루에 얼마나 큰 돈을 버는 셈인가!

웃으면 모르핀과 같은 진통효과를 가지는 엔돌핀도 팍팍 쏟아진다. 반대로 증오하고 노하면 독성물질이 솔솔 생산되어 온몸을 타고 흐르며 뼈를 녹이고 오장육부를 상하게 한다.

요즘 몸이 안 좋다고 하소연하는 친구에게 '모든 일에 기뻐하고 후련하게 웃어라'고 했더니 주변 사람들이 자기 마음을 편하게 안 해주니 어떻게 웃고 사냐고 한다.

행복해서 웃는 것이 아니라, 웃다 보니 행복해 진다고 한다. 웃음거리가 있어서 웃는 것이 아니라 웃다 보니 웃음보가 터져 마구 웃게 되는 것이다. 내가 웃으면 온 세상도 나와 함께 웃는다!

4. 말기암 집배원, 웃음배달 5년의 기적

김천수씨가 동료들과 함께 '**최불암 웃음**'을 지으며 박장대소하고 있다.

(1) 술·담배·사람 좋아하던 전북 정읍의 김천수씨, 43세 때 직장암 4기말 진단

(2) 3주 뒤 수술, '모든 걸 포기하겠다'고 생각

(3) 1년 뒤, '웃음으로 암을 물리친다'는 소식에 광주의 웃음치료사 과정에 등록, 6개월 만에 1급 자격증

(4) 써먹을 데가 없다가, 혼자 사는 노인들을 떠올리고 경로당과 경로대학 등을 찾아 다니기 시작

(5) 암 발병 5년째인 올 2월 건강보험공단에서 중증환자 졸업 축하 서신

5. 유머

> ❝ 매순간 웃자! 끊임없이 명랑함은 지혜의 상징이다.
>
> 생계는 돈으로 꾸리지만, 행복은 웃음으로 얻는다! ❞

1) 만취 승객

술취한 남자 3명이 택시를 잡았다. 택시기사는 그들이 취한 것을 알고, 시동을 걸었다가 끄고는 말했다.

"다 왔습니다."

첫 번째 남자는 기사에게 돈을 냈고, 두 번째 남자는 고맙다고 했다. 그런데 세 번째 남자는 기사의 뺨을 냅다 후려갈겼다. 술취한 세 명 모두 '차가 움직이지 않고 제자리에 서 있었다'는 사실을 모를 거라고 생각했던 기사는 깜짝 놀라, "왜 절 때리시는 거죠!"라고 물었다.

세 번째 남자가 이렇게 대답했다:

"임마~ 다음부턴 운전 좀 살살 해. 너무 빨라 숨 넘어가는 줄 알았잖아!"

2) 지갑 속의 소중한 마누라 사진

춥고 힘들 때 지갑 속 마누라 사진을 꺼내본다는 그분 왈 :

"추울 때 마누라 사진 보면 열불나서 추운 줄 몰라요!"
"힘들 때 마누라 사진 보면, '이 여자가 내 마누라인데, 이보다 더 힘든 일이 있겠어' 라고 위로가 되요"

이 분의 부인도 같은 목적으로 남편의 사진을 소중히 가지고 다닌다 한다.

3) 다음 세상에도 당신과 살고 싶어

간밤 과음으로 아침 늦게까지 퍼져 누워 물을 찾는 내게 아내가 물을 주며 한 마디, "다음 세상에도 당신과 살고 싶어!"

순간, 내 가슴에 미안함과 뭉클한 감동의 물결이…

아내가 한 마디 더한다. "내가 남자가 돼서…" 나, 순간 술이
확 깬다.

4) 다 그 놈이 그 놈이여!

'다시 태어난다면 지금의 남편이나 아내와 또다시 결혼하겠는
가?' 라는 신부(神父)의 질문에 90%가 NO라고 대답 했다.

OK 라고 대답한 앞자리의 할머니 한 분께 신부가 '그래 할아
버님과 그렇게 사랑이 깊으셨습니까?' 라고 묻자 할머니 왈 '다
그 놈이 그 놈이여!'

5) 어떤 거지

길거리에서 깡통을 요란하게 걷어차며 걸어가고 있었다. 그
모습을 본 경찰관이 거지에게 다가와 말했다

경찰 : 이봐요, 당신 혼자 사는 동네예요? 길에서 요란하게 깡

통을 차고 다니면 어떡합니까?

그러자, 거지는 궁시렁거리면서 말했다,
"전, 지금 이사 가는 중인데요?"

(깡통 들기도 귀찮아하니 거지가 팔자)

6) 중국집 배달

손님 : 여보세요? 중국집이죠?

　　　　20분전 짜장면 시켰는데 아직 안 와서요

　　　　출발하셨나요?

주인 : 아~~ 네 방금 출발했습니다.

손님 : 정말 출발했어요?

주인 : 네~~ 방금 출발했다니까요.

손님 : 아~ 그래요? 아직 출발 안 했으면 탕수육 추가 하려고

　　　　했는데…

주인 : 네? 아~ 출발한줄 알았더니 아직 안 했네요!

손님 : 아~ 그래요? 진짜 출발 안 했어요?

주인 : 네~~~ 진짜라니까요!

손님 : 그럼 둘 다 취소해주세요… ㅋㅋㅋ

7) 인정 많은 할머니

한 남자가 버스를 운전하는데 뒤에 앉은 할머니께서 아몬드를 계속 주신다.

운전사 : 감사합니다만 왜 자꾸 아몬드를 주세요?

할머니 : 난 이가 아파서 못먹어~

운전사 : 근데 왜 사셨어요?

할머니 : 쵸코렛은 내가 빨아먹고 아몬드를 주는 거야!

운전사 : 허걱~

8) 정치인과 기자

어떤 파티석상에서 몇몇 싱지인끼리 정구에 관하여 열띤 토론을 벌이고 있었다. 주위에 있던 기자들은 그들의 대화를 열심히 적었다.

얼마 후 국회의원의 비서가 다가와 기자들이 모두 떠났다는 말을 전했다. 그러자 의원들이 일어나 이렇게 외쳤다.

"자~ 이제 쓸데없는 얘기는 집어치우고 술이나 듭시다."

9) 너 같은 건 집에 가도 있어

신호등에 나란히 선 옆차의 그럴 듯한 여자에게 남자가 창을 내려보라 신호를 보낸다. 여자가 창을 내리니까 남자 왈,

"저 앞에 가서 차나 한잔 할 수 있을까요?"

여자는 아무 대답 없이 출발했는데 공교롭게 다음 신호등에서 또 나란히 멈추게 되었다. 여자는 묘한 표정을 지으며 남자에게 창을 내려보라는 신호를 보낸다.

'지가 튕기더니 별 수 있어'라며 잔뜩 기대하고 남자가 창을 내리니 여자가 하는 말…

"너같은 건 집에 가도 있다!"

10) 활극을 좋아하는 남자의 심리

부부가 서부활극 뺨치는 싸움을 시작했다. 말이 거칠어지기 시작하더니 끝내 서로 엉겨붙어서 한바탕 활극이 벌어졌다. 그릇 깨지는 소리, 의자 부서지는 소리…

한참을 싸우다가 결국 부인이 목놓아 울었다.

이때 초인종이 울리면서 옆집 소년이 큰소리로 말했다.

"아저씨~ 우리 아빠가요… 아저씨네가 지금 보고 있는 텔레비전 프로가 몇 번인지 물어 보래요~"

11) 무악재 사슴

옛날 무악재에 이쁜 여자만 지나가면 사슴이 나타난다는 전설이 있었다. 김태희가 무악재를 지나는데 사슴이 나타났다. 다음날 한가인이 지날 때도 사슴이 내려왔다. 그 얘기를 듣고 영희가 무악재를 지나가 보기로 했다. 긴장하며 넘는데, 사슴이 나타났다. 영희는 흐뭇해 하는데, 사슴이 하는말

"누구야~ 누가 내 등 밀었어…"

12) 설상가상

한 학생이 보고서를 제출하면서 교수의 이름을 잘못 써내 교수 앞에서 진땀을 흘리고 있었다.

마침 창가에 있던 교수의 가족 사진이 바닥에 떨어지자 실수를 만회할 요량으로 재빨리 그 사진을 주워 교수에게 내밀며 말했다. "아드님이 참 잘 생겼습니다!"

그러자 교수 왈 : "딸이다, 임마!"

13) 거친 나쁜 남자가 좋아

신혼여행 호텔에서 신부는 거칠고 야수 같은 분위기를 은근히 기대했다. 신랑은 막 샤워를 끝낸 신부를 번쩍 안아 냅다 침대로 던졌다.

한참을 지나도 신부가 움직이지 않자, 신랑은 장난치는 줄 알고 침대로 다가갔다. 그리고 사색이 되고 말았다. 침대 옆자리에 다음과 같은 안내 문구가 있었다.

알림 : 고객 여러분, 모든 객실의 침대를 단단한 옥돌침대로
바꿨습니다. 즐거운 시간 되세요.

- 호텔 임직원 일동

14) 성급한 사장의 오판

새로 부임한 사장은 게으른 사원을 무조건 해고하겠다 벼렸
다. 마침 한 젊은이가 커피를 마시며 놀고 있었다.

사장 : 자네 월급은 얼만가?

젊은이 : 150만원이요?

사장 : 월급 여기 있네. 내일부터 나오지 말게나!

그러자 그 젊은이는 주저없이 돈을 받아들고 그 자리를 떠났
다. 사장은 이상해서 다른 직원에게 물었다.

사장 : 저 한심한 직원 여기서 무슨 일을 했나?

다른 직원 : 아! 여기에 피사 배딜 온 사람인데요?

15) 한국이 외국과 다른 점

① 한국은 개고기를 먹는다. 외국은 말고기를 먹는다.

② 한국사람이 숟가락, 이빨 등으로 병뚜껑을 따면 박수를 친다.

③ 외국은 운전 중 경적음을 거의 울리지 않는다. 한국은 소리 큰 놈이 왕이다.

④ 외국에서는 차가 라이트를 번쩍거리면 양보를 의미하지만, 한국에서는 들이박겠다는 의미다.

⑤ 외국 길거리에서 술먹고 싸우는 걸 본 적이 없다(딱 한번 봤는데, 한국사람이었다).

⑥ 한국은 차에 선팅을 많이 한다. 숨길 게 많은 모양이다.
(여름더위 피하려는 선팅은 이런 말 억울하겠지만… ^^)

⑦ 한국의 엄마는 아이에게 1등하라고 하고, 외국 엄마는 남에게 폐끼치지 말라 한다.

⑧ 외국인이 맨 먼저 배우는 한국말은 '빨리빨리'다. 이런 자책이 이제 한국의 일등 저력이 되었다.

⑨ 한국사람은 주먹으로 싸운다. 외국에선 총으로 싸운다.

⑩ 한국, 위험에 처한 사람을 먼저 구한다. 미국, 위험에 처한 개는 구한다(미국에서 위험에 처하면 사람도 멍멍~ 하며 개인 척 해야 산다?).

한국사회의 역동성과 저력은 세계의 부러움과 찬사를 받을 만큼 자랑스럽다. 어느 사회나 웃음을 자아낼 비판적인 부분도 있기에 여기에 웃음을 모았다.

화날 때 ⑤ 분 멘토

제 3 장
사상체질과 8체질

이제마의 사상의학과 권도원의 8체질 의학은 서로 다른 원리에서 출발하기에 차원이 다르다. 사상체질에 기반한 식품분류는 8체질에서 응용이 가능하지만, 체질침은 사상체질과 8체질 분류에 따라 판이하게 다르다. 아래의 체질별 식품분류는 여건에 따라 사상체질 기준과 8체질 기준을 취사선택해 사용해도 무난하다.

"음식을 당신의 의사나 약으로 삼아라. 음식으로 못 고치는 병은 의사도 고칠 수 없다."

— 히포크라테스

"허준(동의보감)은 '약보다 음식으로 몸을 보함이 낫다."

— 허준(동의보감)

"내가 만난 신(神)은 단 두 사람이 있다. 그 하나가 모차르트요, 또 하나가 권도원이다."

— 도올 김용옥

"체질을 아는 것이 곧 하늘의 뜻을 아는 것이다."

— 권도원 한의학 박사

도올 김용옥의 아버지는 의사였는데, 도올이 고려대 재학 시절 관절 류머티즘으로 걷지도 못하자 그를 데리고 권도원 한의학 박사를 찾았고, 권박사는 침으로 그를 치료했다. 권박사에 의하면 모든 인간은 8개의 체질로 나뉘며, 체질대로 살면 절대 암에 걸리지 않는다 한다.

일반인들이 8상체질을 쉽게 알 수 있도록 정리해 사상체질 붐을 일으켰던 전 서울대학교 해부학 교수였던 이명복 박사가 체질에 관심을 갖게 된 계기는 그가 40년간 앓아온 위장병을 권도원 박사가 사상의학으로 단번에 치료한 일이 계기가 되었다.

초식동물인 소나 코끼리가 육식을 할 수 없고, 호랑이나 사자가 풀을 먹지 못하는 것처럼 사람도 체질이 있다. 건강을 위해서는 이러한 체질에 맞춰 섭생을 해야 한다. 육식체질인 태음인은 제대로 고기를 먹어주지 않으면 체력이 고갈될 수 있다. 반대로 채식체질인 태양인은 고기를 오래 먹으면 병이 난다.

뭐를 먹느냐로 그 사람이 좌우된다(What you eat is what you are)는 말처럼 건강한 심신을 위해서는 자신의 체질에 적합한 식사를 해야 한다.

1. 체질에 적합한 음식의 의미는?

어떤 식품이 체질에 맞느냐 여부는 두 가지 관점이다.

첫째, 사람은 체질에 따라 소화효소가 다소 차이가 있기 때문에 체질에 따라 어떤 음식을 구성하고 있는 특정 성분을 잘 처리하지 못한다. 소음인의 경우 밀가루 속 글루텐을 처리하는 능력이 약해 빵을 먹고 나면 소화가 잘 안 된다. 유당불내증으로 우유를 소화하지 못하거나, 알코올 분해효소 결핍으로 술을 마시지 못하는 것도 체질적 특성과 연관된다.

둘째, 음식의 특정 성분이 오장육부에 작용하는 바가 달라 서로간에 균형을 치우치게 할 수 있다. 가령 상어간에서 추출한 불포화 기름이 주성분인 스쿠알렌은 폐를 보강하는데, 폐가 강하고 간이 약한 태양인이 이를 섭취하면 강한 폐가 더 강해지면서 약한 간과의 균형이 무너져 건강을 해칠 수 있다.

2. 체질과 궁합

8체질에 의하면 사람은 장기의 강약에 따라 체질이 8가지로 나뉜다. 사람이 병이 나는 이유는 장기(폐, 위, 간, 신장…) 사이의 타고난 강약의 균형이 깨졌을 때다. 균형에 영향을 미치는 것은 음식물, 가족, 생활환경 등이다.

〈음식물〉

음식물마다 인체의 장기에 미치는 영향이 다르다. 가령 푸른 채소류는 간에 필요한 포도당 에너지를 듬뿍 제공하는데 간이 강한 태음인(목양, 목음체질)이 푸른 채소류 위주로 식생활을 하면 간의 기운이 더욱 강해져 장기 사이의 균형이 무너져 각종 병이 온다.

그러나 간이 약한 태양인(금양, 금음체질)에게는 포도당 주사가 좋다. 중풍으로 쓰러진 금양체질의 노인이 식물인간이 되어 포도당주사만 맞고 기적적으로 회복한 예가 있다. 태양인이 푸른 야채위주 식사가 필요한 이유도 푸른 야채가 체질에 필요한 포도당을 듬뿍 제공하기 때문이다.

〈가족〉

같은 체질의 경우 장기의 강약이 동일하기 때문에 강한 장기가 더 강해져 장기간의 균형을 깨뜨려 건강을 해친다. 체질 고유의 에너지는 타액, 호흡, 목소리, 체취, 몸의 기운에 담겨 주변 사람에 전해진다. 체질이 같은 부부가 식사 때 같은 그릇에 숟가락을 대면 타액으로 체질기운이 전해져 병이 난다. 이 집안에서 아이들이 병이 나서 한의원에 갔는데, 아버지를 닮은 세 아이는 아버지와 같은 그릇에 먹지 말고, 엄마를 닮은 한 아이는 엄마와 같은 그릇을 사용해서는 안 된다는 말을 듣고 병이 나아 건강한 생활을 영위한 예가 있다. 이를 감안해 필요하면 가정에서 식기, 세면도구, 침상까지 가족간에 분리시키는 것이 좋다.

이런 측면에서 본다면 예로부터 따지는 남녀궁합이 타당성이 있다. 이러한 궁합의 원리가 사람의 흥망성쇠, 부귀영화에도 큰 영향을 미친다.

부부 사이의 체질궁합은 첫 단추에 해당하는데, 이 첫 단추가 어긋나면 태아에도 영향을 주고, 아이가 태어

나서도 부모와의 체질궁합이 어긋날 가능성이 높다.

   어떤 사람이 간이 첫 번째로 강한 장기라면 상대가 같은 체질 혹은 간이 두 번째로 강한 체질이라면 상대의 체질을 본능적으로 싫어한다. 반대로, 간이 첫 번째로 강한 체질은 상대가 간이 가장 약하거나 두 번째로 약한 체질인 경우 상큼하게 느껴 본능적으로 끌린다. 체질궁합만으로 볼 때는 장기의 강약구조가 정반대가 좋다.

◆ **체질별 궁합적합도**

금양체질 : 목양체질 〉 수음체질 〉 수양체질

금음체질 : 목음체질 〉 토양체질 〉 목양체질

토양체질 : 수양체질 〉 금음체질 〉 목양체질

토음체질 : 수음체질 〉 목양체질 〉 수양체질

목양체질 : 금양체질 〉 토음체질 〉 토양체질

목음체질 : 금음체질 〉 수양체질 〉 수음체질

수양체질 : 토양체질 〉 목음체질 〉 토음체질

수음체질 : 토음체질 〉 토양체질 〉 금양체질

   자석의 같은 극이 밀치듯 체질궁합이 맞지 않은 경우 삶에서 역풍으로 작용하는데, 의지가 약한 경우 좌절하고 말지만, 그릇이 큰 사람은 난세에 영웅이 나오듯 이 역풍으로 인해 더 깊이 사색하고 더 멀리 보며 더 강하게 단련되어 위대한 업적을 남기는 토양으로 작용하기도 한다.

선조들이 사랑방을 두어 부부가 방을 따로 쓰듯 체질궁합이 안 맞는 커플은 공간적으로 서로 거리가 있는 것도 한 방편이다.

그러나 인간이 소우주라는데 생명현상 혹은 궁합이 어찌 체질만으로 다 설명되겠는가?

3. 체질의학의 이해

8체질의 창시자인 권도원은 어린시절 명절을 지내거나 잔칫집에만 다녀오면 병이 났다. 원인은 고기 음식이었다. 아주 적게 먹었음에도 탈이 났다. 일제시대 말기 만주로 갔는데, 매서운 찬바람에 모든 사람들이 두꺼운 옷과 방한모에도 덜덜 떠는데 권도원은 보통의 옷차림으로도 끄떡없었다. 이유는 그 지방에서 나는 메조로 지은 밥이었다. 함유된 영양이 볼품없는 메조였지만 태양인에게는 엄청난 에너지의 원천이었던 것이다.

법정스님의 〈무소유〉에 보면, 눈의 혹사로 눈병이 난 법정이 병원 3곳을 전전했다가 낫지 않아 한의원에 갔다. 그곳에서 간에 생긴 열을 다스리는 가루약을 받아먹고 간단히 치유되었다.

권도원이 눈병이 나서 병원치료를 받았지만 차도가 없이 실명 위기에 몰렸다. 한의사에게 침을 빌려 저기 저기 찔러보다가 우연히 놀랍게도 눈병이 나았는데, 그가 찌른 곳은 눈과는 전혀 관계 없고 간과 관련 있는 침자리였다. 간이 약하게 타고난 태양인

체질의 그에게 간경락의 예구를 찔러 효과를 본 이 사건이 8체질 침치료법 연구의 출발점이었다.

눈이 아픈데 엉뚱하게 간을 돌본다?

서양의학에서는 병이 난 곳, 즉 눈에 치료와 약물을 가해 낫게 하는데, 이 과정에서 눈 이외의 인체 다른 부분이 해를 입을 수 있다. 이로 인해 인체의 면역력이 저하되고 다른 병을 일으켜도 자연치유력이 발휘되지 못해 병이 병을 부르는 악순환에 빠질 수 있다. 한의학에서는 병이 나는 원인이 오장육부 장기 간에 불균형 때문이라 보고, 그 균형을 잡아 인체가 자연치유력을 발휘해 저절로 낫게 한다. 이것이 서양의학과 동양의학의 차이다.

위에 병이 나면 서양의학에서는 위를 치료하지만 한의학에서는 각 체질마다 근본원인을 다르게 본다. 목양체질은 간과 췌장 사이의 불균형으로, 목음체질은 폐와 심장 사이의 불균형으로, 토양체질은 신장과 심장 사이의 불균형으로 위병이 난 거로 판단해 관여된 두 장기간의 강약을 조절해 낫게 하는데, 그 처방도 체질마다 다르다.

8체질 침법이 정립되고 권도원이 친구 사무실에 들렀는데, 그 비서가 고질적인 항문출혈로 대변을 볼 때마다 피를 쏟았지만 어떤 병원치료도 효과가 없었다. 이 얘기를 듣고 그가 침 한방을 놓았는네, 나음날 삼쪽같이 치료가 되었다. 한번은 지인이 고질적인 불면증으로 수년간 제대로 잠을 못 잤는데 이 역시 침으로 거짓말처럼 치유되었다.

4. 병으로 인해 평생 약을 먹을 것인가, 체질을 알고 건강을 누릴 것인가?

생명현상은 신체 장기 사이의 강약 구조로 인해 작동된다. 이러한 불안정성에 기반한 역동성으로 인해 대개의 사람들이 한 가지씩은 병을 갖기 마련이다. 질병치료에서 아주 쉬운 길을 두고 용한 의사, 비싼 양약, 귀한 보양식품만 의지하며 시간과 돈을 허비하며 고통받는 사람이 있다면 다음을 명심해야 한다.

모든 병이 발생하는 공통적인 과정은 신체 내부의 만성염증이고, 이 만성염증을 거쳐 각각의 질병으로 진행된다. 예를 들면, 모든 병이 원인이 그렇지만 통풍 역시 약으로만 치료하는 것은 병의 원인을 간과하고 결과인 증상만 살피는 것이기 때문에 평생 약을 끊을 수 없다. 통풍의 원인은 사실 간암, 식도암, 대장암의 원인이기도 하고, 콜레스테롤, 동맥경화, 당뇨, 고혈압의 원인이기도 하다. 근본 원인 하나를 다스리면 다른 질병이 다 해결된다는 의미이다.

사람은 장기(폐, 위, 간, 신장…)의 강약에 따라 8체질로 나뉜다. 사람이 병이 나는 이유는 이 장기 사이의 타고난 균형이 깨지기 때문이다. 이 균형에 영향을 미치는 것이 음식물, 배우자, 환경이다.

이 중에서 음식요인은 통제가 가능하다. 체질을 알고 제대로 체질식만 실천해도 장기의 균형을 회복해 인체의 면역력이 살아나고, 이로 인해 자연치유력이 작동해 병이 저절로 낫고 건강을 되찾을 수 있다.

5. 체질에 맞지 않는 식품이라도 치료목적으로 섭취할 수 있다

감은 성질이 차니 아랫배가 차면서 식욕이 없는 사람, 살이 단단하지 않고 체중이 많이 나가는 사람은 섭취량을 줄여야 한다. 이러한 점을 감안해 체질별 식품분류표에 보면 감은 태음인에게 안 맞는 식품으로 분류되어있다. 그러나 감의 타닌산은 수렴작용이 있어서 체내에서 점막표면의 조직을 수축시키는 약리작용으로 설사를 멎게 한다. 목음체질의 한 여성이 음식을 잘못 먹어 심한 설사를 했는데 약을 먹어도 효과가 없었지만 곶감을 몇 개 먹고 설사가 멎었다. 메스꺼움을 동반하는 편두통일 때는 체질을 불문하고 매실엑기스를 진하게 타서 먹으면 도움이 된다.

이처럼 체질에 유익하지 않는 식품이라도 장기간 꾸준히 섭취하는 식이 아니라면 치료목적으로 단기간 사용하는 것도 좋을 수 있다.

건강한 목음체질이라면 감의 중앙 노랑 부분을 떼어내면 나닌이 감소해 소화도 잘 되고 변비 걱정도 없다. 그러나 곶감의 경우는 물을 충분히 마셔줘야 변비를 피할 수 있다. 또한 감은 성질이 차가우니 같이 차가운 성질인 게와 함께 먹으려면 태음인, 소음인은 열성인 뿌리채소를 충분히 먹어줌으로써 식품간에 적절한 균형을 잡아줘야 좋다.

몸에 안 맞는 식품이라고 무조건 피할 것이 아니라 이처럼 지혜를 발휘하면 좋은 효과를 볼 수도 있다.

감은 태양인의 식품이라고 하지만, 덜 익은 상태에서는 타닌이 높아 태양인에게조차 변비를 초래할 수 있다. 어떤 식품이라도 섭취량이 과다하면 독이 될 수 있다.

모든 체질에 안 맞는 쓰레기 음식은?

① 열량 정크푸드가 쓰레기 음식이다.

② 유해한 쓰레기 음식은 끼니 후 보이는 음식이다(주부들, 조심!).

③ 가장 으뜸 쓰레기 음식은 과식이다.

④ 저녁 시간 늦은 음식은 쓰레기 음식이다

6. 체질과 목욕

태음인(목양, 목음체질), 소양인(토양, 토음체질)은 겉보다 속의 체온
이 높은 부교감신경긴장체질인데, 온수욕으로 땀을 내어 속열을
밖으로 발산시켜야 한다. 따라서 냉수마찰, 냉수샤워, 수영 등의
냉수욕은 피한다.

이에 비해, 태양인(금양, 금음), 소음인(수양, 수음체질)은 겉의 체온
이 속보다 높은데, 냉수욕으로 겉을 식혀 땀의 발산을 막는다.
이 체질이 추운 겨울이라고 온수욕으로 땀을 많이 내면 더운 지
방에서 냉수욕을 즐기는 것만 못하다.

7. 체질과 호흡법

숨을 길게 들이 마시고 숨을 짧게 내쉬는 단전호흡은 폐가 약한 태음인(목양, 목음체질), 토양체질, 수음체질에는 좋다. 폐가 강한 태양인(금양, 금음), 토음체질, 수양체질은 흡기를 짧게 들이 마시고 길게 내쉬는 방식이 좋다.

스님이 독경할 때 길게 숨을 내쉬고 짧게 들이마시는 방식이기 때문에 폐가 강한 체질은 독경을 할수록 장기능이 튼튼해져 수양에 도움이 되지만 폐가 약한 체질은 독경을 할수록 건강이 나빠져 수양에 정진하기가 힘들다.

8. 체질과 비타민 섭취

비타민도 체질에 따라 종류를 달리 해야 한다. 특정 비타민이 필요한 사람이 있고, 전혀 특정 비타민이 필요하지 않는 사람이 있다. 자기 체질에 필요한 비타민이라면 평생 복용해도 비타민 과잉이 문제가 되지 않는다.

태음인(목양, 목음체질)이 비타민 A, D를 섭취하면 폐를 강하게 하고 간을 억제하기 때문에 건강에 좋지만, 태양인(금양, 금음체질)은 소량으로도 몸에 해를 끼친다.

소화기능이 약한 소음인(수양, 수음체질)이 비타민 B_1, B_2을 평생 복용해도 과잉 문제가 없이 건강에 도움이 되지만, 췌장과 위가 강한 소양인(토양, 토음체질)에게는 과잉증 같은 부작용이 나타난다.

토양체질은 신장이 약하기 때문에 불임자의 대부분이 이 체질이다. 비타민 E는 신장기능을 돕기 때문에 불임증 치료에도 효과가 있다. 신약이 상대적으로 약한 소양인(토양, 토음체질), 금양체질, 목음체질도 비타민 E가 유익하며, 그 이외의 체질은 비타민 E를 필요로 하지 않으며 불임의 원인도 다르기 때문에 불임이 있더라도 섭취를 피한다.

9. 체질과 혈액형

체질과 혈액형은 서로 연관성이 없다. 그러나 체질을 판단할 때 혈액형이 매우 중요한 단서가 될 수 있다. 왜냐면, 성격은 여러 가지 생체변수가 관여하는데, 혈액형이라는 변수가 하나 확정될 때 나머지 체질 변수를 판단하기가 용이하기 때문이다.

혈액형에 따라 외향적이냐 내성적이냐, 자기 방식에 몰입하느냐, 꼼꼼하고 예민하냐 등에 대한 기본적 성향이 좌우될 수도 있는데, 체질도 이러한 성향에 영향을 미친다. 그 사람의 성격에서 보이는 특정 성향이 혈액형 요인 때문이라면 체질판단에서는 그 특정 성향을 배제하면 그 만큼 체질을 오판할 가능성이 줄어든다. 즉, 혈액형으로 인해 나타난 그 성향을 배제하고 다른 요소를 고려해 체질을 판단 하게 되어 정확성이 높아진다.

10. 성격을 좌우하는 요인은?

　인간 게놈의 염기 숫자는 약 30억개 정도이고, 이에 의하여 다양한 생물학적 특성이 발현된다. 그 무수한 생물학적 특성이 성격에도 관여되는데, 체질이니 혈액형이니 하는 한두 가지 생물학적 특성으로 성격을 분류하는 것은 무리다. 30억 개의 염기는 사람의 관상, 손금 등 신체적 차이에도 관여하고, 그 신체적 차이는 성격을 들여다 볼 수 있는 윈도우이기도 하다.

11. 체질별 특성

◆ 금양체질

- 금양체질은 고기를 멀리하고 야채위주로 먹으면 아주 건강 하지만, 육식이나 기름기를 풍부하게 먹으면 병을 부른다. 아토피성 피부병, 빈번한 코막힘, 다양한 알레르기성 질환 으로 고생하는 체질이다. 전형적인 아토피성 피부염은 오직 금양체질에서만 나타나는 독특한 질병이다.

- 금양체질은 폐가 강한데, 금은 폐를 더 강하게 하는 작용 이 있어서 장기의 불균형을 초래해 병이 난다. 따라서 금 장신구를 착용하지 않는다.

  어느 여중생이 왼쪽에 금니 세 개를 했는데, 이후 아무런 통 증도 없이 왼쪽 광대뼈가 두드러지게 튀어나왔다. 금니를 제 거했더니 이틀 만에 광대뼈가 정상으로 회복되었다 한다.

  건강했던 금양체질이 금니를 하고 나서 어지러워 쓰러지거 나 입마름 병에 시달리는 등 부작용 사례가 많다.

- 금양체질은 간이 약하기 때문에 간을 보강하는 영양소인 포도당 주사가 강력한 효과가 있다. 포도당을 많이 함유한

채식을 권장하는 것도 이 때문이다.

70내 노인이 중풍으로 쓰러졌는데, 워낙 병세가 위중해서 중환자실에서 단지 포도당주사만으로 연명했다. 전혀 치료가 없었음에도 서서히 차도를 보이기 시작하더니 아무런 후유증도 없이 건강을 회복했다. 자칫 다른 치료라도 했더라면 오히려 회생 가망이 없었을 테니 치료 불가능한 상태가 오히려 복이 된 것이다.

- 가장 독창성이 뛰어난 체질이지만, 비현실적이고 비사교적이다. 따라서 단독으로 활동하고 몰입이 가능한 분야에서 능력을 발휘할 수 있다.

◆ 금음체질

- 금음체질이 고기를 먹으면 파킨슨병, 치매 등과 같은 희귀병이 오게 된다.
- 대장이 짧은 목음체질과 달리 금음체질은 대장이 지나치게 길어 하복부가 불쾌하고 가스가 차기 쉽다.
- 화를 자주 내면 몸을 상하니 화를 잘 다스려야 한다.
- 금음은 비위가 약하기 때문에 생각이 많고 살이 잘 안 찌고 사지 냉증이 발생하기 쉽다.
- 심호흡할 때 내뿜는 숨을 길게 하는 것이 좋다.

- 일광욕과 땀을 많이 흘리는 것을 피한다.

- 심장이 튼튼하고 폐활량이 뛰어나 마라톤에 적합하다.

- 편두통은 주로 금음체질에 많은데, 금음체질이 간담의 경락
  이 허약하고, 비위도 허약하기 때문이다.

- 태양인과 소음인 사이에서 고민하는 사람은 대부분 태양인
  인 경우가 많은데, 특히 금음체질을 소음인으로 착각하는
  경우가 많다. 수양 체질식하고 얼굴에 열이 오르면 태양인
  일 가능성이 높다.

- 창의성이 뛰어나고, 세상을 통찰하는 직관력이 강하며, 큰
  야심과 통치력으로 위대한 정치가가 많다.

◆ 태양인(금양, 금음체질)

- 태양인은 직관력이 있어서 겪어보지 않고도 이해할 수 있
  는데 반해, 태음인은 겪어보지 않은 것에 대해 이해를 못하
  기 때문에 공감이 부족해 역지사지가 약하고, 이해를 못하
  니 자기가 맞다고 생각하기 쉽다.

- 태양인은 간이 약한데, 간은 발산적 기운이 매우 강해 이
  를 억제하고 붙들어 주기 위해서는 수렴하는 맛인 신맛이
  좋다.

- 태양인은 마르고 열이 있는 체질이라 채식 중에서도 잎채

소가 잘 맞다. 그러나 잘못된 식습관과 스트레스로 야기된 화로 인해 음양의 균형이 무너질 때, 즉 상부로 화가 오르고 이 열을 내리기 위해 수족과 속이 냉할 때는 너무 체질식에 집착하지 말라. 특히 금음인은 더 냉해지는 경우가 많다. 뿌리채소와 잎채소를 함께 복용하는 것도 방법이다. 반신욕이나 족욕으로 속과 수족이 따뜻해지면 상부로 뜬 화가 내려 오는데 도움이 된다.

홍삼, 도라지는 열도 별로 없는 것이 폐를 보하는 귀경만 강하게 작동된다. 아무 뿌리채소나 함부로 먹는 것은 조심해야 한다. 양적 음식이면서도 태양인이 먹을 만한 음식을 위주로 냉한 몸을 보완하는 것이 좋다. 8체질 중에서 금음인의 체질식이 가장 어렵고 문제가 빈번하다.

- 태양인은 마른 사람이 많다고 하지만, 태양인에서 특히 금양인이 체질에 안 맞는 음식을 먹으면 살이 찌는 경우도 있다.

◈ **토양체질**

- 미역은 열성 식품이라서 토양체질 산모가 먹으면 위열을 더욱 조장해 팔다리에 바람이 든 것처럼 시리고 저리는 산후풍이 올 수 있다.
- 체질 특성상 저혈압이 건강한 상태이다.

- 백납 환자 중 심한 중증은 대부분 토양체질이다.
- 일이 없으면 일을 만들 만큼 가만 있질 못하고 부지런하다. 성질이 급해 걸을 때도 남들에 앞서 걷고, 닥쳐서 되는 대로 대처하는 느긋함이 없이 모든 준비를 미리 해놓고 기다려야 직성이 풀린다. 호기심이 많고 사교성이 좋으며 봉사정신이 강해 남을 잘 헤아려 준다. 일은 잘 벌이지만 뒷처리는 약하다. 하루종일 한 자리에 앉아 집중하기 힘들다.
- 신부와 수녀에 많은 체질인데, 독신생활에 잘 적응한다. 시각적 감각이 뛰어나 미술인의 70%가 이 체질이다.

◆ **토음체질**
- 토음은 드문 체질이다. 수만 명 중의 한 사람이 페니실린에 쇼크를 일으킨다는데, 그 체질이 토음체질이다.

◆ **소양인(토양, 토음체질)**
- 소양인은 비대신소[脾大腎小]로서 소화력이 왕성한데 비해 속이 덥기 때문에 차가운 음식이 맞고, 매운 음식의 부작용이 있는데, 매운 음식을 못 먹는 사람이 많다. 식탐이 있더라도 소화[消化]가 잘 되고 체하지 않으며 배탈이 없는 편이다.
- 태음인은 마음이 넓을 땐 바다와 같으나 인격적으로 상처

를 받을 땐 소인배가 되어 별일 아닌 거에도 사대를 용납 못하기도 한다. 이에 비해 소양인은 남의 입장을 배려하고 자신의 자존심을 덜 내세우는 편이다.

- 태음인은 집에 머무르는 것을 좋아하지만 소양인은 밖으로 돌기를 좋아한다.

◆ **목양체질**

- 말을 내보내는 폐가 작아 노래도 못하고 다른 사람이 열 마디 하면 한 마디 할 만큼 본능적으로 과묵하다. 난상토 론에도 가만 듣고만 있다가 맨 나중에 한 마디 할 뿐인데 그게 신중함으로 보이고, 건강하고 덕이 있어 보이는 뚱뚱 한 몸매와 더불어 대중이미지에서 빛을 발한다.

- 건강한 목양체질은 귀찮을 정도로 땀이 많으며, 건강하지 않을 때 땀이 없다. 건강을 유지하기 위해 땀이 날 정도의 신체활동이 좋다. 온수는 땀구멍을 열어주기 때문에 목양 체질에는 온수욕이 좋다.

- 목양체질은 간이 강하기 때문에 간을 보강하는 영양소인 포도당 주사를 맞으면 간이 더 강해져 장기 불균형이 일어 나 건강을 해친다. 목양체질에 포도당을 많이 함유한 채식 을 금하는 것도 이 때문이다.

- 목양체질은 폐가 약한데, 금은 폐를 강하게 하는 작용이 있어서 장기의 불균형을 교정하므로 금 장신구 착용이 건강에 도움이 된다. 목양체질이 금주사를 맞고 심한 류머티즘 관절염이 치유된 사례도 있다.
- 체질 특성상 고혈압이 건강한 상태이다.
- 창의성이 적고, 주어진 환경에 수용적, 계획적이기 보다 투기적, 가혹하기 보다 남의 잘못을 쉽게 용서하는 편이다. 폐가 약해 말수가 적기 때문에 대화가 많거나 세밀한 계획과 계산이 요구되는 분야는 안 맞을 수도 있다.

◆ **목음체질**
- 위가 건강해 소장에서 음식의 영양분을 제대로 흡수하지만, 다른 체질에 비해 대장이 짧아 저장공간이 협소해 자주 화장실에 간다.
- 외향적이고 적극적이며 봉사심도 있다. 그러나 조급하고 예민한 감수성으로 인해 상대의 섭섭한 말에 감정을 다쳐 불면증에 시달리고 전신의 혈액순환이 되지 않아 다리가 무거워지면서 설사를 한다. 이러한 대인관계 능력을 고려해 서로 감정적으로 대립해야 하는 직업을 피해야 하며, 알코올 중독에 취약하니 술과 관련없는 직업이 바람직하다.

◈ 태음인(목양, 목음체질)

- 다른 체질은 고기를 삼키려면 여러 번 씹어야 하지만, 태음인은 소화력이 좋아 대충 씹고도 삼킬 수 있다. 특히 고기를 좋아하는 태음인은, 단맛을 좋아해 사탕이나 아이스크림도 좋아한다.

- 고기가 좋은 체질이라도, 문제는 항생제, 성장호르몬, 방부제 등의 오염 원에 사육, 가공·유통 중에 노출되는 문제점. 계란·콩 등을 통한 단백질이 대안이 될 수 있다.

◈ 수양체질

- 심하면 열흘까지도 화장실에 가지 않을 만큼 변비가 대표적인 특징이고, 좀체 설사는 하지 않는다. 이러한 특징을 병으로 생각해 매일 변을 보려고 약물을 사용하거나 아침에 일어나 냉수나 찬 음료를 들이키는 경우 건강을 해칠 수 있다.

- 식사량이 아주 적다. 특히 여성의 경우 평생 밥 한 공 비워 본 적이 없다 할 정도다.

- 땀을 많이 흘리면 안 되는 체질이라서 봄, 여름보다 가을, 겨울 더 건강하다. 햇빛에 오래 서 있으면 겨드랑이에서 땀이 나며 쓰러진다면 이 체질이다.

- 수양인은 태양인 만큼은 아닐지라도 간이 약하다. 비장도

약해 생각이 많고 스트레스도 잘 받는 편인데, 태양인과 달리 발산을 하지 못하고 속으로 삼키는데 그것이 문제가 된다. 수양인은 거의 대부분 위장 장애와 관련된 질병이 많다.

- 아무리 누가 급하게 일을 재촉해도 일단 서류는 받더라도 자신의 일정을 따른다. 의심이 많은 편이며, 사무처리가 완벽하다. 토양체질이 벌인 일을 제대로 처리할 수 있는 타입이다.

- 돌다리도 두드려보고 건널 만큼 심사숙고하는 완벽주의자다.

◈ **수음체질**

- 위를 작게 타고나서 폭식이나 과식을 거듭하면 위가 무력해지고 밑으로 처지는 위하수증이 대표적 특징이다. 성격은 조용하고 침착한 편이다. 이 체질은 식사 후에 곧 누워서 위가 아래로 늘어지는 것을 막아주는 것이 좋다. 이 체질은 과로해서는 안 되기 때문에 제때 식사를 할 수 있는 여건이 되어야 한다.

- 수양체질처럼 수음체질도 식사량이 적고, 살찐 사람이 드물고 마른 체형이다.

- 수영은 찬물이 땀구멍을 닫아 땀을 막아주고 위를 튼튼하게 해주기 때문에 건강에 좋다. 이런 체질이 감기에 걸렸을 때 목욕탕에 가서 땀을 빼고 나면 증세가 급격히 나빠지게

된다.
- 목양체질의 투기성적인 성향과 수양체질의 회의주의적 성향을 함께 지니고 있다.

◆ 소음인(수양, 수음체질)

- 허약체질로 어릴 적부터 기관지가 약하고, 온탕이나 한증막에서 견디기 힘든 체질은 소음인이 많다.

◆ 참고

- 체질이 중요한 이유는, 과거에는 신체적 활동량이 많아서 땀으로 노폐물도 잘 배출하고 소화도 원활해 체질의 영향이 상대적으로 적었지만, 고도사업화로 인해 국민의 70% 이상이 땀을 흘리지 않고 일하기 때문에 그 만큼 체질에 따른 인위적 건강관리가 중요해졌다.
- 한 사람이 다양한 증상을 호소하는데, 모든 병은 다른 것처럼 보여도 그 원인은 하나로 귀착되는 경우가 대부분이다. 병원에 당장 입원해야 할 만큼 위중한 경우가 아니라면 체질식만으로도 건강이 좋아진다.
- 체질 판단에서 상반된 복합 특징을 나타내면 일부 특징은 체질보다 병증으로 풀어야 할 때도 있다. 가령, 소양인 특징

을 보이는데 더위를 타고 손발이 차가운 소음인 특징을 보이는 경우가 그렇다.

- 음식이 체질에 맞나 여부를 알려면 음식을 먹고 몸의 반응을 본다. 맞는 음식은 변의 냄새가 심하지 않고 쾌변하며, 몸이 가볍게 느껴진다. 얼굴색이 밝아진다. 안 맞는 음식은 졸리고 피곤하며 몸이 쳐진 듯한 느낌이 든다.

12. 체질 사례

(1) 사례 1 : 5년간의 아토피 전쟁

A씨는 현재 사십대 중반인데, 지난 5년간 아토피로 전쟁을 치러야 했다. 아토피로 인해 온몸이 벌겋게 붓고 갈라지며 진물이 흘렀고, 진물이 마르기를 기다리며 보낸 1년은 그야말로 죽지 못해 사는 심정이었다. 이렇게 증상이 악화된 원인은 스테로이드인 듯 하다. 병원, 한의원 안 가본 데가 없고, 치료란 치료는 죄다 해보다시피 했다. 생로병사에 아토피 치료사례로 나온 S병원의 치료를 받았지만 소용이 없었다. 밖으로 나가지 못하고 3년을 집에서 숨어 지냈다.

아토피 치유를 위해 일반적으로 채식, 좋은 공기, 침구류 청결, 유제품 삼가, 보습 등을 거론한다. 공기 좋은 강원도, 캐나다에도 머물러봤고, 한 달에 80만원짜리 한약을 1년 넘게 먹었지만 소용없었다.

강남의 유명 8체질 한의원에서 금양체질로 판정받고 채식위주의 섭생을 했는데, 채식을 실천하기가 너무 힘들었다. 마침 비타민C를 하루 6~12봉지 먹고 차도가 있는 듯 해서 채식의 효과로 생각하고 채식에 더 매달렸다.

그러다가 네이버 카페 8체질나라 (http://cafe.naver.com/tgchimtm)를 통해 목양체질로 밝혀졌다. 그 동안 쏟은 노력을 생각하면 황당한 결과였다. 강남 유명 한의원에서 받았던 체질침의 부작용으로 고생한 것도 이런 연유였다. 목양체질이었기에 본능적으로 목양 체질음식에 끌렸을 텐데 그것을 참고 금양체질을 위한 채식을 하려니 그리 힘들었을 것이다.

목양체질에 맞춰 체질식을 시작하면서 피부가 급속히 좋아졌다. 고기만 먹고도 몸이 필요로 하는 비타민을 충족하는 체질이어서인지 그 동안 즐겼던 과일은 입에도 대지 않았다. 그 동안 즐겼던 배추김치, 각종 나물 등 푸른 채소를 끊고, 생선류, 조개도 멀리하는 대신 뿌리채소, 소고기 반찬이나 국, 우유, 치즈, 빵으로 바꿨다. 태음인(목양, 목음 체질)에 좋은 견과류는 먹으면 가려워서 멀리한다. 체질에 적합한 식품이라도 이렇게 개인적 특성에 따라 몸의 반응이 다를 수 있음을 유념해야 한다. 손가락, 발가락에 마지막으로 남았던 아토피는 옻을 먹고 모두 없어졌다. 그는 이제는 음식을 먹어보고 몸이 좋아지거나 나빠지는 반응을 여러 번 살피면서 식생활을 하고 있다.

(2) 사례 2 : 20대를 회색빛 절망으로 보낸 여성

여성인 B씨는 20대 초반에 편두통이 심해 한의원에서 침과 한약으로 나았다. 25세에 결핵으로 죽을 고비를 넘겼고, 28세에는 지루성피부염과 편평사마귀로 맘고생하다 한의원에 가니 소음인으로 진단했다. 백만원이 넘는 한약으로도 차도가 없고 피부까지 나빠지니 다급한 마음에 영양제를 먹는 등 건강을 챙겼지만 다음 해에 갑상선암 판정을 받았다.

여러 병원을 전전하며 암아 아니라 하시모토갑상선염으로 밝혀졌다. 한의원에 가서 약을 짓는데 소양인이라 했다. 이렇게 만성피로, 다크서클, 결핵으로 인한 기관지 악화로 가래까지. 푸석푸석한 얼굴… 꽃다울 20대를 회색빛 절망으로 보냈다.

좋다는 영양제란 영양제는 다 먹어봤지만 별다른 효과도 없고, 우울증에 점차 폐인으로 전락하는 듯한 자신을 보며 '연애, 결혼도 못하고 평생 이런 모습으로 살아야 하나' 싶어 암울하고 슬펐다.

이렇게 세월이 흘렀고, 이제 30대가 되어 8체질로 체질감별을 해보니 뜻밖에도 금양체질로 밝혀졌다. 태양인(금양, 금음체질)은 간이 약해 양약이 좋지 않고, 영양제도 별로 효과가 없다. 이제 그녀는 금양체질에 맞춰 침치료와 체질식을 시작한다.

(3) 사례 3 : 목음체질의 안면홍조 여성

여름부터 얼굴이 빨개지는 안면홍조 반응이 나타났다. 금양인으로 알고 금양인체질식과 비타민E를 복용하고 안면홍조가 사라졌다. 그런데 태양인체질식을 할수록 소화도 안 되고 감기가 두 달이 넘도록 낫지 않았으며, 조개국을 먹고 나면 가려운 증상이 나타났다. 찬물샤워도 같이 했었는데, 여름엔 괜찮더니 날씨가 추워지면서 찬물이 피부에 닿으면 가렵고 빨개졌는데, 온수로 샤워하면 좋아졌다.

보리밥을 먹으면 위가 긁힌 것처럼 거북했지만, 찰보리밥은 괜찮았다. 나물반찬, 닭배추, 해산물 등도 거북했는데, 뿌리음식은 속이 편했다. 나물, 푸른 야채 위주로 식사할 때는 하루 2번까지 화장실을 갔고 속이 불편했는데, 쇠고기 등심, 마늘짱아찌, 버섯을 먹으니 속이 편했다. 마, 연근, 당근을 갈아 마시니 속쓰리고 아프던 거가 다 나았다.

제대로 체질감별을 받았는데 목음체질로 나왔다. 전에 금양인으로 잘못 알았을 때 친척집에 3일 머무는 동안 산맷돼지 수육, 무김치, 마늘짱아찌, 콩나물 등으로 태음인체질 식사하고 후식으로 사과와 배를 먹었는데 방귀가 냄새도 없고 변도 황금색이었다.

(4) 사례 4 : 체질음식으로 위암을 극복한 여성

위암 말기 진단을 받고 절망하던 한 여성이 기차 안에서 찹쌀떡을 몇 개를 사먹었다. 그 맛이 너무 좋아 집에 와서도 매일 찹쌀떡을 먹었는데, 두 달쯤 지났을 때 몸이 가벼운 느낌이 들어 병원에 갔더니 그 사이에 암세포가 줄어들었다. 이후 계속 먹으며 위암을 극복했다. 위장에 탈이 난 소음인에게 찹쌀로 죽을 끓여 먹여도 금방 차도를 보인다.

찹쌀은 한방에서 열성으로 분류한다. 그러니 비위가 약하고 냉한 소음인에게 찹쌀이 기가 막힌 명약이 될 수 있다. 반대로, 열성 체질인 태양인, 소양인은 과하게 섭취하면 소화장애를 일으킬 수도 있다.

히포크라테스는 '음식으로 치료할 수 없는 병은 약으로도 못 고친다.' 했고, 허준(동의보감)은 '약보다 음식으로 몸을 보함이 낫다.'고 했다.

(5) 사례 5 : 발효식품이 태양인에게 좋지 않다?

메주콩(흰콩)은 태음인, 소음인 음식이고, 태양인 식품은 아니다. 이를 원료로 만든 청국장, 된장은 발효를 거쳐 더 강력하게 체질에 영향을 미친다. 태양인의 경우 두부나 콩을 먹고 당장 탈이 나지는 않지만, 발효가 최대치로 활성화된 청국장은 부작용도 일어날 수 있다.

야채효소는 다양한 약재와 식품이 들어가는데, 이 중에서 태양인에 해가 되는 약재는 발효를 거쳐 더 강력한 약효를 발휘한다. 태양인 여성이 발효식품과 발효제를 넣은 물로 목욕을 하다가 심한 아토피 유사 증세로 고통을 당한 경우도 있다.

(6) 사례 6 : 부부가 국수도 다르게 먹는다

어느 기사를 보니 가수 최백호는 심한 편두통, 복통, 가슴통증에 시달렸고, 그의 아내는 심한 비염을 앓았다 한다. 8체질 진단 결과 최백호는 금음체질, 그의 아내는 목양체질로 진단되었다. 이에 따라 체질치료를 받고 이후 그의 아내는 좋아하던 생선이 체질에 안 맞는 것을 알고 멀리했고, 둘 다 체질식의 통해 건강을 되찾았다. 국수를 요리할 때도 최백호는 쌀국수와 멸치 국물로, 아내는 밀가루국수와 육수로 체질에 맞춘다.

13. 독자에게 경종을 울리고 싶은 사항은

체질을 틀리게 판별해 건강을 망치고 오랜 세월 처절한 고통을 겪은 사람이 의외로 많다!! 사상체질로는 소양인이고 8체질로는 토양체질인데, 13년간 여섯 명의 한의사를 거치며 정반대인 수음체질 소음인으로 잘못 진단해 치료받았던 서울법대 고시생의 수기를 읽었다. 그는 서양의학에 의지코자 세브란스병원에 가서 진찰을 받았지만 위염증세일 뿐 이상이 없다는 소견이었다. 세브란스병원 암센터에서 내시경 검사를 받았고, 서울대학교병원에서 당시 대통령 주치의였던 C박사에게 진찰을 받았지만 별 이상이 없고 신경성질환이라는 말만 들었다. 일곱 번째 만난한의사에게 재대로 체질진단을 받고 한 달 남짓 체질침과 체질식에 충실하자 서서히 건강이 회복되었다 한다.

우리가 숨을 멈추면 빌 게이츠 전 재산으로도 다시 숨을 쉬게 할 수 없다. 그러니 우리 삶의 가치가 빌 게이츠 재산보다 더크다. 그런 귀한 삶을 건강하게 그리고 더 오래 살 수 있다면 그 가치는 얼마나 될까. 체질을 알면 더 건강하게 더 오래 살 수 있으니 한나절 시간을 투자하고 돈 몇 만원 투자해서 얻는 삶의 가치를 생각하면 체질진단이 정말 중요하다.

제3장은 네이버 카페 **8체질나라** (http://cafe.naver.com/tgchimtm)의 사례를 일부 참고했습니다.

15,000여명이 참여하는 카페는 건강을 되찾으려는 회원들이 의견을 나누며 서로 배우고 이끌어주는 건강의 집단지성으로, 그 힘이 사회를 밝히는 등불 역할을 계속하기를 희망합니다. 카페를 이끌며 건강한 사회에 공헌하는 **〈묵계 이상원〉**님에게 감사한 마음을 전합니다.

14. 8체질별 식품분류표

체질별 식품분류표가 큰 틀에서 도움이 되지만, 개인차가 있을 수 있으니 일부 식품에 대해서는 경험적으로 가리는 것이 좋다. 체질에 안 맞는 식품이라도 개인마다 처리량이 다르고 유익한 성분이 있으니 무조건 안 맞는다고 배척하기보다 적당량을 먹는 것도 나쁘지 않다.

어떤 식품이 약이나 독이냐는 섭취량에 달렸다. 곡류, 과일, 야채, 육류 등 모든 식품을 구성하는 것도 따지고 보면 천연 상태의 화학물질일 따름이다. 체질에 맞는 음식이라도 양이 지나치면 몸에 과부하가 걸릴 수 있다.

특히 농축된 엑기스나 발효된 경우 약성이 강력하니 체질에 맞으면 효능이 확실한데, 체질식품이 아닌 경우 더욱 주의해야 한다.

체질에 적합한 식품이라도 맞지 않을 수 있는데, 이유는 다음과 같다.

1) 체질진단이 잘못되었다.

2) 다른 음식물과의 궁합(상호작용)

3) 같은 체질이라도 개인차가 있을 수 있습니다.

아래 표는 권도원 박사의 동턴암연구소에서
2013년 발표한 8체질 섭생표를 인용했습니다.

◆ **금양체질 섭생표**

반드시 필요한 음식 (○○)	〈동물성단백질〉 대부분의 바다생선, 조개류(패구류), 흰살 생선 〈탄수화물〉 쌀(백미), 메밀 〈채소 : 잎, 줄기채소〉 푸른잎 채소(배추, 양배추, 상추 등) 〈약재류〉 포도당주사, 포도당가루
유익한 음식(○)	〈동물성단백질〉 계란흰자, 굴, 새우, 게(갑각류), 붉은살 생선, 복어 〈식물성단백질〉 완두콩, 강낭콩, 팥, 〈탄수화물〉 메조, 녹두 〈채소 : 잎, 줄기채소〉 고사리, 오이, 취나물, 미나리 〈해조류〉 김 〈과일〉 검정포도 Campbell(한국포도), 청포도, 블루베리, 참외, 딸기, 바나나, 파인애플, 키위, 블루베리, 감, 복분자, 체리, 앵두, 살구 〈약재류〉 모과, 알로에, 비타민E 〈음료〉 모과차, 찬물(음용), 산성수, 얼음 〈광물〉 은 〈신체활동〉 수영(냉수욕), 내쉬기를 길게 하는 호흡

자주 먹으면 해로운 음식 (△)	〈탄수화물〉 찹쌀, 보리, 옥수수, 숭늉, 누룽지, 호밀,
	〈오일〉 카놀라유, 올리브유, 포도씨유
	〈채소 : 잎, 줄기채소〉
	시금치, 부추, 페브리카, 애호박, 가지, 토마토, 아보카도, 두릅
	〈해조류〉 미역, 다시마
	〈과일〉 토마토, 파파야, 복숭아, 자두, 크린베리,
	〈약재류〉 비타민B
	〈음료〉 녹차
	〈기호식품〉 코코아
	〈주류〉 맥주, 와인
해로운 음식(X)	〈동물성단백질〉 치즈, 계란노른자
	〈탄수화물〉 현미, 수수, 귀리
	〈오일〉 들기름, 참기름, 콩기름, 옥수수유
	〈채소 : 잎, 줄기채소〉
	무청, 깻잎, 누런호박, 일반버섯(송이, 표고, 느타리 등)
	〈허브 및 양념류〉
	고추(고춧가루, 청고추), 파, 양파, 생강, 계피, 겨자, 후추, 카레 등 향신료, 설탕
	〈과일〉
	배, 귤, 오렌지, 자몽, 레몬, 라임, 망고, 수박, 메론, 석류, 오디 열매
	〈약재류〉
	구기자, 부자, 영지버섯, 상황버섯, 유자, 매실, 오미자, 산수유, 스쿠알렌, 비타민A D, 비타민C
	〈음료〉
	카페인음료(커피, 차, 박카스), 디운몰(음응), 알칼리선 음료수, 가공음료수

	〈주류〉 위스키, Tequila, 보드카, 막걸리, 정종, 소주(곡주, 화학주) 〈광물〉 옥 〈신체활동〉 들이마시기를 길게 하는 호흡, 등산(자연림)
절대 금해야 할 음식 (XX)	〈동물성단백질〉 쇠고기, 돼지고기, 닭고기, 오리고기, 개고기, 염소고기(흑염소 중탕), 우유(냉/온), 유제품, 버터, 민물생선(장어, 미꾸라지) 〈식물성단백질〉 콩, 메주콩, 청국장, 땅콩, 알몬드, 캐슈, 일반 Nuts, 은행, 호두, 밤, 잣, 도토리 〈탄수화물〉 밀가루, 율무 〈근채류-뿌리채소〉 뿌리채소(무, 당근, 연근, 우엉 등), 감자, 고구마, 마, 비트, 생 강, 도라지, 토란, 더덕, 〈허브 및 양념류〉 마늘 〈과일〉 사과 〈약재류〉 산삼, 인삼(홍삼), 녹용, 꿀, 대추, 칡 〈음료〉 국화차, 생강차, 대추차, 율무차, 쌍화차, 인삼차(홍삼차) 〈기호식품〉 술, 담배 〈광물〉 금(금니) 〈행위〉 싸우나탕(發汗), 일광욕

◆ 금음체질 섭생표

반드시 필요한 음식 (○○)	〈동물성단백질〉 대부분의 바다생선, 조개류(패구류), 흰살 생선 〈탄수화물〉 쌀(백미), 메밀 〈채소 : 잎, 줄기채소〉 푸른잎 채소(배추, 양배추, 상추 등) 〈약재류〉 포도당주사, 포도당가루
유익한 음식(○)	〈동물성단백질〉 계란흰자, 붉은살 생선, 복어 〈식물성단백질〉 완두콩, 강낭콩, 팥 〈탄수화물〉 메조, 녹두, 숭늉, 누룽지 〈채소-잎, 줄기채소〉 고사리, 오이, 취나물, 미나리 〈해조류〉 김 〈과일〉 검정포도 Campbell (한국포도), 청포도, 블루베리, 참외, 딸기, 바나나, 파인애플, 키위, 블루베리, 감, 체리, 앵두, 살구 〈약재류〉 모과 〈음료〉 모과차, 찬물(음용), 산성수, 얼음 〈신체활동〉 수영(냉수욕), 내쉬기를 길게 하는 호흡
자주 먹으면 해로운 음식 (△)	〈동물성단백질〉 새우, 게(갑각류) 〈탄수화물〉 찹쌀, 보리, 옥수수, 호밀 〈오일〉 옥수수유, 카놀라유, 올리브유, 포도씨유, 〈근채류-뿌리채소〉 생강 〈채소-잎, 줄기채소〉 무청, 시금치, 부추, 페브리카, 애호박, 가시, 노비토, 이보기도, 두릅

	〈허브 및 양념류〉 고추(고춧가루, 청고추), 파, 양파, 생강, 계피, 겨자, 후추, 카레 등 향신료 〈해조류〉 미역, 다시마 〈과일〉 귤, 오렌지, 자몽, 레몬, 라임, 망고, 토마토, 파파야, 복숭아, 자두, 크랜베리 〈약재류〉 알로에, 비타민B, 비타민E 〈음료〉 녹차, 생강차, 더운 물(음용) 〈기호식품〉 코코아 〈주류〉 맥주, 와인, 정종, 소주(곡주)
해로운 음식(X)	〈동물성단백질〉 치즈, 계란노른자 〈탄수화물〉 현미, 수수, 귀리 〈오일〉 들기름, 참기름, 콩기름 〈근채류–뿌리채소〉 감자, 고구마 〈채소 : 잎, 줄기채소〉 깻잎, 누런호박, 일반버섯(송이, 표고, 느타리 등) 〈허브 및 양념류〉 설탕 〈과일〉 사과, 배, 수박, 메론, 석류, 오디열매 〈약재류〉 산삼, 인삼(홍삼), 꿀, 대추, 구기자, 부자, 영지버섯, 상황버섯, 유자, 매실, 오미자, 산수유, 스쿠알렌, 비타민A D, 비타민C 〈음료〉 카페인음료(커피, 차, 박카스), 대추차, 인삼차(홍차), 알칼리성 음료수, 가공음료수 〈주류〉 위스키, Tequila, 보드카, 막걸리, 소주(화학주)

	〈광물〉 은, 옥 〈신체활동〉 들이마시기를 길게 하는 호흡, 등산(자연림)
절대 금해야 할 음식 (XX)	〈동물성단백질〉 쇠고기, 돼지고기, 닭고기, 오리고기, 개고기, 염소고기(흑염소 중탕), 우유(냉/온), 유제품, 버터, 민물생선(장어, 미꾸라지) 〈식물성단백질〉 콩, 메주콩, 청국장, 땅콩, 알몬드, 캐슈, 일반 Nuts, 은행, 호두, 밤, 잣, 도토리, (탄수화물) 밀가루, 율무 〈근채류-뿌리채소〉 뿌리채소(무, 당근, 연근, 우엉 등), 마, 비트, 도라지, 토란, 더덕 〈허브 및 양념류〉 마늘 〈약재류〉 녹용, 칡 〈음료〉 국화차, 율무차, 쌍화차 〈기호식품〉 술, 담배 〈광물〉 금(금니) 〈행위〉 싸우나탕(發汗), 일광욕

◆ 토양체질 섭생표

반드시 필요한 음식 (○○)	〈동물성단백질〉 쇠고기, 돼지고기, 복어 〈약재류〉 산수유, 비타민E
유익한 음식(○)	〈동물성단백질〉 우유(냉), 버터, 치즈, 계란노른자, 계란흰자, 대부분의 바다생선, 민물생선(장어, 미꾸라지), 조개류(패구류), 굴, 새우, 게(갑각류), 흰살생선 〈식물성단백질〉 콩, 메주콩, 완두콩, 강낭콩, 팥, 청국장, 땅콩, 알몬드, 캐슈, 일반Nuts 〈탄수화물〉 백미, 보리, 메밀, 메조, 녹두, 밀가루, 귀리, 호밀 〈오일〉 콩기름, 카놀라유, 올리브유, 포도씨유 〈근채류-뿌리채소〉 뿌리채소(무, 당근, 우엉 등) 〈채소-잎, 줄기채소〉 푸른잎 채소(배추, 양배추, 상추 등), 고사리, 오이, 무청, 취나물, 미나리, 깻잎, 누런호박, 애호박, 아보카도, 일반버섯(송이, 표고, 느타리 등) 〈허브 및 양념류〉마늘, 설탕 〈과일〉 배, 수박, 메론, 검정포도 Campbell(한국포도), 청포도, 참외, 딸기, 파인애플, 바나나, 키위, 석류, 블루베리, 감, 복분자, 크렌베리

	〈약재류〉 구기자, 영지버섯, 알로에, 포도당주사, 포도당가루 〈음료〉 카페인 음료(커피, 차, 박카스 등), 찬물(음용), 알칼리성 음료수, 얼음 〈광물〉 금, 금니 〈신체활동〉 들이마시기를 길게 하는 호흡, 일광욕, 등산(자연림)
자주 먹으면 해로운 음식 (△)	〈동물성단백질〉 붉은살 생선 〈탄수화물〉 수수, 옥수수, 율무 〈오일〉 들기름, 옥수수유 〈근채류-뿌리채소〉 비트, (채소-잎, 줄기채소) 시금치, 부추, 페브리카, 가지 〈해조류〉 김 〈과일〉 파파야, 오디열매, 복숭아, 자두, 체리, 앵두, 살구 〈약재류〉 모과, 스쿠알렌, 비타민A D, 비타민C 〈음료〉 녹차, 국화차, 율무차, 모과차 〈기호식품〉 코코아(초코렛) 〈주류〉 맥주, 위스키, Tequila, 보드카, 와인, 막걸리 〈광물〉 옥
해로운 음식(X)	〈식물성단백질〉 은행, 호두, 밤, 잣, 도토리 〈탄수화물〉 숭늉, 누룽지 〈오일〉 참기름 〈근채류-뿌리채소〉 감자, 고구마, 마

	〈채소 : 잎, 줄기채소〉 토미도
	〈과일〉 토마토
	〈약재류〉 녹용, 상황버섯, 유자, 매실, 오미자, 칡, 비타민B
	〈음료〉 더운물(음용), 산성수, 가공음료수
	〈주류〉 정종, 소주(곡주, 화학주)
	〈신체활동〉 수영(냉수욕), 내쉬기 길게 하는 호흡
절대 금해야 할 음식 (XX)	〈동물성단백질〉 닭고기, 오리고기, 개고기, 염소고기(흑염소중탕) 〈탄수화물〉 현미, 찹쌀 〈근채류-뿌리채소〉 생강, 도라지, 토란, 더덕 〈허브, 양념류〉 고추(고춧가루, 청고추), 파, 양파, 생강, 계피, 겨자, 후추, 카레 등 열성향신료) 〈해조류〉 미역, 다시마 〈과일〉 사과, 귤, 오렌지, 자몽, 레몬, 라임, 망고 〈약재류〉 산삼, 인삼(홍삼), 꿀, 대추, 부자 〈기호식품〉 술, 담배 〈음료〉 생강차, 대추차, 쌍화차, 인삼차(홍삼차)

◆ 토음체질 섭생표

반드시 필요한 음식(○○)	〈동물성단백질〉 돼지고기, 복어
유익한 음식(○)	〈동물성단백질〉 우유(냉), 치즈, 계란흰자, 대부분의 바다생선, 조개류(패구류), 굴, 새우, 게(갑각류), 흰살생선 〈식물성단백질〉 완두콩, 강낭콩, 팥, 땅콩, 알몬드, 캐슈, 일반Nuts 〈탄수화물〉 백미, 보리, 메밀, 메조, 녹두, 호밀 〈오일〉 카놀라유, 올리브유, 포도씨유 〈채소-잎, 줄기채소〉 푸른잎 채소(배추, 양배추, 상추 등), 고사리, 오이, 무청, 취나물, 미나리, 애호박, 아보카도 〈과일〉 수박, 메론, 검정포도 Campbell(한국포도), 청포도, 참외, 딸기, 파인애플, 바나나, 키위, 석류, 블루베리, 감, 복분자, 크렌베리 〈약재류〉 영지버섯, 산수유, 비타민E, 알로에, 포도당주사, 포도당가루 〈음료〉 찬물(음용), 알칼리성 음료수, 얼음 〈광물〉 은 〈신체활동〉 내쉬기를 길게 하는 호흡
자주 먹으면 해로운 음식(△)	〈동물성단백질〉 붉은살 생선 〈탄수화물〉 수수, 옥수수, 율무 〈오일〉 들기름, 옥수수유

	〈근채류-뿌리채소〉 비트 〈채소-잎, 줄기채소〉 시금치, 부추, 페브리카, 가지 〈허브 및 양념류〉 고추(고춧가루, 청고추) 〈해조류〉 김 〈과일〉 파파야, 오디열매, 복숭아, 자두, 체리, 앵두, 살구 〈약재류〉 모과, 스쿠알렌, 비타민A D, 비타민C 〈음료〉 녹차, 국화차, 율무차, 모과차 〈기호식품〉 코코아(초코렛) 〈주류〉 맥주 〈광물〉 금, 금니, 옥 〈행위〉 수영(냉수욕), 싸우나탕(發汗), 일광욕, 등산(자연림)
해로운 음식(X)	〈식물성단백질〉 도토리 〈탄수화물〉 숭늉, 누룽지 〈오일〉 들기름, 참기름 〈근채류-뿌리채소〉 마, 비트 〈채소 : 잎, 줄기채소〉 토마토 〈허브 및 양념류〉 마늘 〈과일〉 토마토 〈약재류〉 상황버섯, 유자, 매실, 오미자, 칡, 비타민A D, 비타민B 〈음료〉 국화차, 더운물(음용), 산성수, 가공음료수 〈주류〉 위스키, Tequila, 보드카, 막걸리, 정종, 소주(곡주, 화학주) 〈신체활동〉 들이마시기 길게 하는 호흡

절대 금해야 할 음식 (XX)	〈동물성단백질〉 닭고기, 오리고기, 개고기, 염소고기(흑염소중탕) 〈탄수화물〉 현미, 찹쌀 〈근채류–뿌리채소〉 생강, 도라지, 토란, 더덕 〈허브, 양념류〉 고추(고춧가루, 청고추), 파, 양파, 생강, 계피, 겨자, 후추, 카레 등 열성향신료) 〈해조류〉 미역, 다시마 〈과일〉 사과, 귤, 오렌지, 자몽, 레몬, 라임, 망고 〈약재류〉 산삼, 인삼(홍삼), 꿀, 대추, 부자 〈기호식품〉 술, 담배 〈음료〉 생강차, 대추차, 쌍화차, 인삼차(홍삼차)

◆ 목양체질 섭생표

반드시 필요한 음식 (○○)	〈동물성단백질〉 쇠고기 〈탄수화물〉 밀가루 〈근채류 : 뿌리채소〉 무, 당근, 연근, 우엉 등, 감자, 고구마, 마 〈허브 및 양념류〉 마늘 〈과일〉 배 〈약재류〉 녹용, 칡 〈신체활동〉 싸우나탕(發汗)
유익한 음식(○)	〈동물성단백질〉 닭고기, 오리고기, 개고기, 염소고기 (흑염소중탕), 우유(溫), 버터, 치즈, 계란노른자, 계란흰자, 민물생선(장어, 미꾸라지) 〈식물성단백질〉 콩, 메주콩, 완두콩, 강낭콩, 청국장, 땅콩, 알몬드, 캐슈, 일반 Nuts, 은행, 호두, 밤, 잣, 도토리 〈탄수화물〉 백미, 현미, 찹쌀, 수수, 옥수수, 율무, 숭늉, 누룽지, 귀리 〈오일〉 들기름, 참기름, 콩기름, 옥수수유, 카놀라유 〈근채류-뿌리채소〉 비트, 생강, 도라지, 토란, 더덕 〈채소-잎, 줄기채소〉 시금치, 깻잎, 부추, 누런호박, 애호박, 가지, 토마토, 아보카도, 일반버섯(송이, 표고, 느타리 등) 〈허브 및 양념류〉 파, 양파, 생강, 계피, 겨자, 후추, 카레 등 열성 향신료, 설탕

	〈과일〉 사과, 귤, 오렌지, 자몽, 레몬, 라임, 망고, 토마토, 수박, 메론, 오디열매 〈약재류〉 산삼, 인삼, 홍삼, 꿀, 대추, 상황버섯, 유자, 오미자, 스쿠알렌, 비타민AD, 비타민C 〈음료〉 카페인 음료(커피, 차, 박카스 등), 국화차, 생강차, 대추차, 율무차, 인삼차, 홍삼차, 더운물(음용), 알칼리성 음료수 〈광물〉 금, 금니, 옥 〈신체활동〉 들이마시기를 길게 하는 호흡, 일광욕, 등산(자연림)
자주 먹으면 해로운 음식 (△)	〈동물성단백질〉 돼지고기 〈탄수화물〉 보리, 메조, 녹두, 호밀 〈오일〉 올리브유 〈채소–잎, 줄기채소〉 푸른 잎 채소(배추, 양배추, 상추 등, 무청, 취나물, 미나리, 페브리카, 두릅 〈허브 및 양념류〉 고추(고춧가루, 청고추) 〈해조류〉 미역, 다시마, 김, (과일) 참외, 딸기, 바나나, 파인애플, 키위, 석류, 파파야, 복숭아, 자두, 체리, 앵두, 살구 〈약재류〉 부자, 매실, 비타민B 〈음료〉 쌍화차 〈주류〉 위스키, 보드카

해로운 음식(X)	〈탄수화물〉 메밀 〈오일〉 포도씨유 〈채소 : 잎, 줄기채소〉 고사리, 오이 〈과일〉 검정포도 Campbell(한국포도), 청포도, 블루베리, 감, 복분자, 크린베리 〈약재류〉 구기자, 영지버섯, 모과, 산수유, 비타민E 〈음료〉 녹차, 모과차, 찬물(음용), 산성수, 얼음, 가공음료수 〈기호식품〉 코코아(쵸코렛) 〈주류〉 맥주, Tequila, 와인, 막걸리, 정종, 소주(곡주, 화학주) 〈신체활동〉 수영(냉수욕), 내쉬기 길게 하는 호흡
절대 금해야 할 음식 (XX)	〈동물성단백질〉 대부분의 바다생선, 조개류(패구류), 굴, 새우, 게(갑각류), 흰살 생선, 붉은살 생선, 복어 〈식물성단백질〉 팥 〈약재류〉 알로에, 포도당주사, 포도당가루 〈기호식품〉 술, 담배 〈광물〉 은

◆ 목음체질 섭생표

반드시 필요한 음식 (○○)	〈동물성단백질〉 쇠고기, 돼지고기 〈탄수화물〉밀가루, 율무 〈근채류 : 뿌리채소〉 무, 당근, 연근, 우엉 등, 마 〈허브 및 양념류〉마늘 〈과일〉배 〈약재류〉녹용, 오미자, 칡 〈음료〉율무차 〈신체활동〉싸우나탕(發汗)
유익한 음식(○)	〈동물성단백질〉 우유(溫), 버터, 치즈, 계란노른자, 계란흰자, 민물생선(장어, 미꾸라지) 〈식물성단백질〉 콩, 메주콩, 완두콩, 강낭콩, 팥, 청국장, 땅콩, 알몬드, 캐슈, 일반Nuts, 은행, 호두, 밤, 잣, 도토리 〈탄수화물〉 백미, 수수, 옥수수, 율무, 귀리 〈오일〉 들기름, 콩기름, 옥수수유, 카놀라유 〈근채류-뿌리채소〉 감자, 고구마, 비트, 도라지, 토란, 더덕 〈채소-잎, 줄기채소〉 시금치, 깻잎, 부추, 누런호박, 애호박, 가지, 아보카도, 일반버섯 : 송이, 표고, 느타리 등

	〈허브 및 양념류〉 파, 양파, 생강, 계피, 겨자, 후추, 카레 등 열성 향신료, 설탕 **〈과일〉** 사과, 망고, 수박, 메론, 오디열매 **〈약재류〉** 꿀, 대추, 상황버섯, 유자, 스쿠알렌, 비타민AD, 비타민C **〈음료〉** 카페인 음료 (커피, 차, 박카스 등), 국화차, 대추차, 율무차, 더운물(음용), 알칼리성 음료수 **〈광물〉** 금, 금니, 옥 **〈신체활동〉** 들이마시기를 길게 하는 호흡, 일광욕, 등산(자연림)
자주 먹으면 해로운 음식 (△)	**〈탄수화물〉** 보리, 메조, 녹두, 호밀 **〈오일〉** 올리브유 **〈채소-잎, 줄기채소〉** 푸른 잎 채소(배추, 양배추, 상추 등, 무청, 취나물, 미나리, 페브리카, 두릅 **〈허브 및 양념류〉** 고추(고춧가루, 청고추) **〈해조류〉** 미역, 다시마, 김 **〈과일〉** 참외, 딸기, 바나나, 파인애플, 키위, 석류, 파파야, 복숭아, 자두, 체리, 앵두, 살구 **〈약재류〉** 부자, 매실, 비타민B **〈음료〉** 쌍화차 **〈주류〉** 위스키, 보드카

해로운 음식(X)	〈탄수화물〉메밀
	〈오일〉포도씨유
	〈채소 : 잎, 줄기채소〉고사리, 오이
	〈과일〉
	검정포도 Campbell(한국포도), 청포도, 블루베리, 감, 복분자, 크린베리
	〈약재류〉
	산삼, 인삼, 홍삼,구기자, 영지버섯, 모과, 산수유, 비타민E
	〈음료〉
	녹차, 모과차, 찬물(음용), 산성수, 얼음, 가공음료수
	〈기호식품〉코코아(쵸코렛)
	〈주류〉
	맥주, Tequila, 와인, 막걸리, 정종, 소주(곡주, 화학주)
	〈신체활동〉
	수영(냉수욕), 내쉬기 길게 하는 호흡
절대 금해야 할 음식 (XX)	〈동물성단백질〉
	대부분의 바다생선, 조개류(패구류), 굴, 새우, 게(갑각류), 흰살 생선, 붉은살 생선, 복어
	〈약재류〉
	알로에, 포도당주사, 포도당가루
	〈기호식품〉술, 담배
	〈광물〉은

◆ 수양체질 섭생표

반드시 필요한 음식 (○○)	〈동물성단백질〉 닭고기, 오리고기, 개고기, 염소고기 (흑염소중탕) 〈탄수화물〉 현미, 찹쌀 〈근채류—뿌리채소〉 생강 〈해조류〉 미역, 다시마, (과일) 사과 〈약재류〉 산삼, 인삼(홍삼), 꿀, 대추 〈음료〉 생강차, 대추차, 인삼차(홍차)
유익한 음식(○)	〈동물성단백질〉 계란노른자, 흰살 생선 〈식물성단백질〉 콩, 메주콩, 완두콩, 강낭콩, 땅콩, 알몬드, 캐슈, 일반 Nuts, 은행, 호두, 밤, 잣, 도토리 〈탄수화물〉 쌀(백미), 수수, 옥수수, 숭늉, 누룽지, (오일) 참기름, 옥수수유, 카놀라유 〈근채류—뿌리채소〉 감자, 고구마, 도라지, 토란, 더덕 〈채소—잎, 줄기채소〉 푸른잎 채소(배추, 양배추, 상추 등), 무청, 시금치, 취나물, 부추, 토마토, (허브 및 양념류) 고추(고춧가루, 청고추), 파, 양파, 생강, 계피, 겨자, 후추, 카레 등 열성향신료, 마늘 〈해조류〉 김 〈과일〉 귤, 오렌지, 자몽, 레몬, 라임, 망고, 토마토 〈약재류〉 매실, 비타민B 〈음료〉 쌍화차, 더운물(음용), 산성수 〈신체활동〉 수영(냉수욕), 내쉬기를 길게 하는 호흡

자주 먹으면 해로운 음식 (△)	〈동물성단백질〉 우유(온), 유제품, 버터, 치즈, 계란흰자, 대부분의 바다생선, 민 물생선(장어, 미꾸라지) 〈식물성단백질〉 청국장 〈탄수화물〉 메밀, 녹두, 밀가루, 율무, 귀리, 호밀 〈오일〉 들기름, 콩기름, 올리브유, 포도씨유 〈근채류-뿌리채소〉 뿌리채소(무, 당근, 연근, 우엉 등), 마, 비트 〈채소-잎, 줄기채소〉 고사리, 미나리, 깻잎, 페브리카, 누런호박, 가지, 아보카도, 일 반버섯(송이, 표고, 느타리 등) 〈허브 및 양념류〉 설탕 〈과일〉 배, 수박, 메론, 검정포도 Cambell(한국포도), 청포도, 키위, 석 류, 파파야, 오디열매, 복숭아, 자두, 체리, 앵두, 살구 〈약재류〉 녹용, 부자, 모과, 유자, 오미자, 스쿠알렌, 비타민A D, 비타민 C, 포도당주사, 포도당가루, (음료) 녹차, 율무차, 모과차 〈기호식품〉 코코아(쵸코렛) 〈주류〉 위스키, 보드카, 와인, 정종, 소주(곡주) 〈광물〉 금(금니), 옥 〈신체활동〉 등산(자연림)
해로운 음식(X)	〈동물성단백질〉 조개류(패구류), 새우, 게(갑각뷰), 붉은실 생선 〈탄수화물〉 보리, 메조, 호밀

	〈채소 : **잎, 줄기채소**〉 오이, 누릅 〈과일〉 참외, 딸기, 바나나, 파인애플, 블루베리, 감, 복분자 〈약재류〉 구기자, 영지버섯, 상황버섯, 산수유, 칡, 비타민 〈음료〉 카페인음료(커피, 차, 박카스), 국화차, 찬물(음용), 알칼리성 음료수, 가공음료수 〈주류〉 맥주, Tequila, 막걸리, 소주(화학주) 〈신체활동〉 내쉬기를 길게 하는 호흡
절대 금해야 할 음식 (XX)	〈동물성단백질〉 돼지고기, 굴, 복어 〈식물성단백질〉 팥 〈과일〉 크렌베리 〈약재류〉 알로에 〈음료〉 얼음 〈기호식품〉 술, 담배 〈광물〉 은 〈신체활동〉 싸우나탕(發汗), 일광욕

◆ 수음체질 섭생표

반드시 필요한 음식 (○○)	〈동물성단백질〉 쇠고기, 닭고기, 오리고기, 개고기, 염소고기(흑염소중탕) 〈탄수화물〉 현미, 찹쌀 〈근채류-뿌리채소〉 생강 〈해조류〉 미역, 다시마 〈과일〉 사과 〈약재류〉 산삼, 인삼(홍삼), 꿀, 대추 〈음료〉 생강차, 대추차, 인삼차(홍차)
유익한 음식(○)	〈동물성단백질〉 버터, 계란노른자, 민물생선(장어, 미꾸라지) 〈식물성단백질〉 콩, 메주콩, 완두콩, 강낭콩, 청국장, 땅콩, 알몬드, 캐슈, 일반 Nuts, 은행, 호두, 밤, 잣, 도토리 〈탄수화물〉 쌀(백미), 옥수수, 숭늉, 누룽지 〈오일〉 참기름, 옥수수유, 카놀라유 〈근채류-뿌리채소〉 뿌리채소(무, 당근, 연근, 우엉 등), 감자, 고구마, 도라지, 토란, 더덕 〈채소-잎, 줄기채소〉 시금치, 부추, 호박(애호박), 토마토 〈허브 및 양념류〉 고추(고춧가루, 청고추), 파, 양파, 생강, 계피, 겨자, 후추, 카레 등 열성향신료, 마늘, 설탕 〈과일〉 배, 귤, 오렌지, 자몽, 레몬, 라임, 망고, 토마토

	〈악새류〉 매실, 칡, 비타민B 〈음료〉 쌍화차, 더운물(음용), 산성수 〈신체활동〉 수영(냉수욕), 들이마시기를 길게 하는 호흡, 등산(자연림)
자주 먹으면 해로운 음식 (△)	〈동물성단백질〉 우유(온), 유제품, 치즈, 계란흰자, 흰살생선 〈탄수화물〉 수수, 녹두, 율무, 귀리 〈오일〉 들기름, 콩기름, 올리브유, 포도씨유 〈근채류-뿌리채소〉 마 〈채소-잎, 줄기채소〉 푸른잎 채소(배추, 양배추, 상추 등), 무청, 취나물, 미나리, 깻 잎, 페브리카, 누런호박, 가지, 아보카도, 일반버섯(송이, 표고, 느타리 등) 〈해조류〉 김 〈과일〉 수박, 메론, 검정포도 Cambell(한국포도), 키위, 석류, 파파야, 오디열매, 복숭아, 자두, 체리, 앵두, 살구 〈약재류〉 녹용, 부자, 모과, 유자, 오미자, 스쿠알렌, 비타민A D, 비타민C 〈음료〉 녹차, 국화차, 율무차 〈기호식품〉 코코아(쵸코렛) 〈주류〉 위스키, 보드카, 정종, 소주(곡주) 〈광물〉 옥

해로운 음식(X)	〈동물성단백질〉 대부분의 바다생선, 조개류(패구류), 붉은살 생선 〈탄수화물〉 메밀, 메조, 호밀 〈채소 : 잎, 줄기채소〉 고사리, 오이, 두릅 〈과일〉 청포도, 참외, 딸기, 바나나, 파인애플, 블루베리, 감, 복분자 〈약재류〉 구기자, 영지버섯, 상황버섯, 산수유, 비타민E, 포도당주사, 포도당가루 〈음료〉 카페인음료(커피, 차, 박카스), 모과차, 알칼리성 음료수, 가공음료수 〈주류〉 맥주, Tequila, 와인, 막걸리, 소주(화학주) 〈신체활동〉 내쉬기를 길게 하는 호흡
절대 금해야 할 음식 (XX)	〈동물성단백질〉 돼지고기, 굴, 새우, 게(갑각류), 복어, 〈식물성단백질〉 팥 〈탄수화물－곡류〉 보리 〈과일〉 크렌베리 〈약재류〉 알로에 〈음료〉 찬물(음용), 얼음 〈기호식품〉 술, 담배 〈광물〉 은 〈신체활동〉 씨우나, 땀(發汗), 일광욕

15. 사상체질별 식품분류표

8체질을 기준으로 체질식을 하는 것이 권장되지만, 8체질이 파악되지 않았다면 아래의 사상체질 식품분류표를 사용해도 무난하다. 다만 8체질에 비해 세분화되지 않아 같은 체질이라도 개인차가 있을 수 있으니 일부 식품에 대해서는 경험적으로 가리는 것이 좋다.

◆ 태양인 (금양, 금음체질)

유익	비유익
보약재 : **오가피**, 다래, 솔잎(차), 인진쑥, 하수오 (적하수오), 백출, 창출, 두릅	
곡류 : 멥쌀, 녹두, 쌀, 통밀가루, 보리, 검은콩, 검은팥, 강낭콩, 완두콩, 옥수수, 색 있는 콩, 호밀, 검은깨, 들깨, 메밀, 메조	**곡류 :** 찹쌀, 차조, 수수, 흰 밀가루, 흰콩, 붉은팥, 율무, 참깨, 참기름
채소류 : 배추, 양배추, 시금치, 케일, 컴푸리, 푸른상추, 푸른야채, 숙주나물, 시금치, 쑥, 쑥갓, 취나물, 냉이, 달래, 씀바귀, 깻잎, 돌나물, 비름, 근대, 마늘, 파, 양파, 파슬리, 익모초, 감자, 고구마,	**채소류 :** 무, 당근, 유색상추, 생강, 부추, 콩나물, 참마, 도라지, 더덕, 마, 열무, 미나리, 셀러리, 어성초, 신선초, 대부분의 뿌리 야채가 해롭다.

유익	비유익
가지, 오이, 토마토, 연근, 우엉, 토란	
과일 : **모과,** 배, 감, 곶감, 포도, 귤, 오렌지, 자몽, 레몬, 복숭아, 잣, 살구, 머루, 무화과, 토마토, 딸기, 바나나, 파인애플, 키위, 유자	**과일 :** 사과, 대추, 호두, 은행, 참외, 멜론, 수박, 매실
견과류 : 잣, 아몬드	**견과류 :** 호도, 은행, 밤, 땅콩
해산물 : 김, 미역, 다시마, 파레, 기타 해조류, 바다에서 나는 어패류, 특히 새우, 조개류, 굴, 해삼, 게, 바지락, 전복, 낙지, 문어, 굴, 오징어, 청어, 고등어, 꽁치, 정어리, 멸치, 가자미, 도미, 연어, 바다장어, 조기, 참치, 미더덕	**해산물 :** 미꾸라지, 민물장어, 잉어, 멍게, 해삼, 모든 민물생선이 해롭다 **육류 :** 쇠고기, 돼지고기, 닭고기, 양고기, 개고기, 염소고기, 오리고기, 모든 육류가 해롭다
기타 : 포도당, 황설탕, 천일염, 초콜릿, 구연산, 비타민 C, 클로렐라, 녹차, 코코아, 들기름, 치즈, 두유, 야콘, 두부, 소주, 초유, 스피루리나, 홍삼, 감식초, 감잎차, 알로에, 여주	**기타 :** 우유, 버터, 요구르트, 베지밀, 계란, 기름진 음식, 흰소금, 흰설탕, 꿀, 로얄제리, 화분, 인삼, 녹용, 영지, 홍차, 커피, 비타민 A·B·D·E, 술, 모든약 (한약, 양약 포함), 결명자, 구기자, **오미자,** 계피, 카레, 후추, 겨자, 달맞이꽃종자유, **옻,** 두충, 루이보스티차

- 권도원 박사 : 모든 기름이 태양인에게 안 좋다함
- 태양인은 간 기능이 허약하므로 지나친 영양섭취는 오히려 간에 부담
- 전체 인구의 5%. 간의 색인 푸른색, 녹색이면 좋고, 반면 폐의 기능을 더욱 좋게 하는 흰색 속옷은 삼가야 한다.

◆ 소양인 (토양, 토음체질)

유익	비유익
보약재 : 오가피, 송절, 미후도, 청국장가루, 붉은팥(소음인 곡류 비유익참고), 특히 물을 많이 마신다.	찹쌀·차조는 성질이 따듯하고 소화가 쉬워 속이 차고 소화기능이 약한 소음인에게는 좋지만, 열이 많이 생기고 하고 대변을 굳게 만들므로 소양인에게는 좋지 않다.
곡류 : 쌀 (백미), 현미, 녹두, 보리(특히 **토양체질의 보약**), 검은콩, 강남콩, 완두콩, 검은팥, 통밀가루, 색있는콩, 메조, 모밀, 메밀, 검은깨, 들깨, 들기름	**곡류 :** 찹쌀, 차조, 수수, 옥수수, 흰밀가루, 메주콩 (흰콩), 율무, 감자, 고구마, 참깨, 참기름
채소류 : 양배추, 배추, 푸른상추, 푸른야채, 시금치, 열무, 무, 미나리, 셀러리, 브로콜리, 신선초, 취나물, 쑥, 쑥갓, 오이, 마늘 무, 연근, 토란, 우엉, 가지, 호박, 근대, 냉이, 달래, 씀바귀, 숙주나물, 깻잎, 돌나물, 비름, 마늘, 익모초, 파슬리, 케일, 컴프리, 어성초, 아욱. (담백한 잎·뿌리채소)	**채소류 :** 유색상추, **양파**, 당근, 감자, 고구마, 도라지, 더덕, 마, 참마, 콩나물, 부추, 파, 양파, 고비, 생강, 겨자 **버섯류 :** 조사식품 중 해로운 것 없음.
과일 : 배, 감, 곶감, 포도, 참외, 수박, 딸기, 메론, 토마토, 복숭아, 키위, 유자, 매실, 살구, 무화과, 바나나, 파인애플, 산수유	**과일 :** 귤, 오렌지, 레몬, 자몽, 모과, 머루, 대추, 사과, 석류
견과류 : 잣, 아몬드, 땅콩	**견과류 :** 호도, 은행, 밤, 대추

유익	비유익
해산물 : 새우, 굴, 조개, 게, 재첩, 바지락, 전복, 오징어, 낙지, 문어, 고등어, 청어, 꽁치, 정어리, 가자미, 도미, 갈치, 삼치, 참치, 연어, 잉어, **장어**, 멸치, 미꾸라지, 복, 해삼, 대부분의 어패류	**해산물 :** 미역, 김, 다시마, 파래, 조기, 굴비, 멍게, 해삼
육류 : **돼지고기**, 소고기, 계란, 오리고기 **기타 :** 황설탕, 천일염, 영지, 결명자, **구기자**, 오미자, 녹차, 쑥차, 솔잎차, 복분자, 목통차, 옥수수염차, 로얄제리, 클로렐라, 알로에, 여주, 초콜릿, 치즈, 야콘, 두부, 포도당, 비타민 C·E, 구연산, 맥주, 홍삼, 감식초	**육류 :** **닭고기**, 양고기, 개고기, 염소고기, 노루고기 **기타 :** 흰설탕, 흰소금, 계피, 카레, 후추, 겨자, 인삼, 녹용, 꿀 화분, 비타민 A·B·D, 오가피, 술, 우유, 요쿠르트, 베지밀, 홍차, 커피, **옻**, 산초

– 마늘은 차가운 몸을 따뜻하게 하여 말초혈관을 확장시키는 작용을 하며, 그래서 손발이 차고 아랫배가 냉한 소음인이 복용하면 소화기능과 순환기능이 좋아지지만, 열이 많은 소양인은 마늘을 과다 섭취하면 병이 악화될 수 있으니 조심해야 한다.

– 전체 인구의 35%. 검은색 계통 속옷이 신장에 좋고 노란색은 피한다.

◆ 태음인 (목양, 목음체질)

유익	비유익
보약재 : 녹용, 웅담, 산약, 사향, 대황, 마황, 우황, 행인, 맥문동, 수수•검은콩 (태양인 비유익 참고), 청국장가루, 율무차, 오미자차, 칡차 등 한방차, 은행, 느릅나무(유근피), 사우나에서 땀을 빼내면 시원한 체질	
곡류 : 쌀 (백미), 현미, 찹쌀, 차조, 메조, 기장, 수수, 차수수, 강낭콩, 메주콩 (흰콩), 율무, 붉은팥, 옥수수, 참깨, 참기름, 유색콩, 감자, 고구마, 유기농밀 (통밀가루, 국수, 빵)	**곡류 :** 메밀, 보리쌀, 흰밀가루, 검은팥, 녹두, 검은 깨, 들깨, 들기름
채소류 : 무, 열무, **도라지**, 당근, 오이, 더덕, 연근, 마, 참마, 우엉, 토란, 근대, 시금치, 양배추, 푸른상추, 취나물, 마늘, 파, 양파, 생강, 두부, 콩나물, 가지, 호박, 감자, 고구마, 쑥, 쑥갓, 어성초, 콩나물, 냉이, 달래, 씀바귀, 돌나물, 비름, 익모초, 파슬리, 피망, 부추, 도토리묵, 아욱, 고추, 죽순	**채소류 :** 배추, 케일, 유색상추, 미나리, 신선초, 컴푸리, 샐러리, 케일, 고비나물, 비트, 숙주나물, 깻잎, 녹즙, 푸른잎 야채
과일 : 대추, 귤, 오렌지, 자몽, 레몬, 유자, 살구, 무화과, 매실, 사과, 배, 수박, 토마토, 딸기, 복숭아	**과일 :** 감, 곶감, 포도, 머루, 참외, 멜론, 포도, 모과, 파인애플, 바나나, 키위

유익	비유익
견과류 : **밤**, 호도, 땅콩, 은행, 잣, 아몬드	
해산물 : 미역, 김, 다시마, 파래, 가자미, 도미, 조기, 굴비, 삼치, 멸치, 대구, 연어, 아귀, 잉어, 장어, 미꾸라지, 멍게, 해삼, 생태, 명태, 북어	**해산물 :** 조개류, 게, 재첩, 바지락, 전복, 새우, 굴, 오징어, 낙지, 문어, 고등어, 정어리, 갈치, 고등어, 청어, 꽁치, 참치 (대부분의 어패류와 등푸른 생선이 해롭다.)
육류 : **쇠고기**, 닭고기, 양고기, 개고기, 염소고기	
기타 : 황설탕, 천일염, 인삼, 홍삼, **녹용**, 꿀, 녹차, 쑥차, 솔잎차, 설록차, 작설차, **갈근(칡)**, 맥문동차, 천문동차, 음양곽차, 용안육차, 구연산, 로얄제리, 카레, 후추, 겨자, 계피, 두부, 치즈, 야콘, 유자차, 클로렐라, 비타민 A·B·C·D, 유자차, **오미자**, 소주, 우유 (태음인에게는 우유가 잘 맞지만 다른 체질에는 두유나 요쿠르트가 낫다.), 계란, **옻**, 루이보스티차	**기타 :** 흰설탕, 초코렛, 흰소금, 영지, 구기자, 포도당, **오가피**, 비타민 E, 술, 요구르트, 베지밀, 초콜릿, 홍차, 커피, 여주, 알로에

- 전체 인구의 40% 이상. 흰색 속옷이 좋고 녹색 피한다.

- 움직이기를 싫어하고 아무 음식이나 잘 먹어 살이 잘 찐다. 심폐기능이 약해 가을이 되면 호흡기 질환에 잘 걸린다.

- 태음인은 술을 즐기는 경우가 많은데, 술을 마시면 속 깊은 얘기도 나눈다.

◆ 소음인 (수양, 수음체질)

유익	비유익
보약재 : 인삼, 파두, 부자, 약쑥, 청피, 당귀, 황기, 마 (따뜻한 성질. 변비에는 좋지 않다), 백하수오, 감초, 두충, 찹쌀·차조 (소양인참고), 인삼차, 생강차, 귤껍질차, 계피차, 또 고추의 캡사이신·양파의 유화프로필·마늘의 알리신 등의 매운맛은 열을 내주고 냉기를 외부로 발산시키기 때문에 지방 분해에 도움이 된다. 그러나 소화기능이 약하기 때문에 물을 많이 먹는 것은 오히려 건강을 악화시킬 수 있다.	소음인은 청국장을 먹으려면 찌개를 끓여먹는 것이 낫다. 청국장가루에는 콩의 찬 기운이 남아 있기 때문에 소양인·태음인에게는 좋지만 소음인이 먹을 경우 입맛이 더 떨어지거나 소화가 안 돼 트림이 자꾸 나올 수 있다.
곡류 : 현미, 찹쌀, 쌀 (백미), 차조, 강낭콩, 완두콩, 유기농통밀가루, **메주콩 (흰콩)**, 메조, 유색콩, 옥수수, 감자, 고구마, 참깨, 참기름	**곡류 :** 보리(소화력이 약한 수음체질에 독), 수수, 메밀, **검은콩**, 율무, 녹두, 검은깨, 들깨, 들기름, 팥(붉은 팥은 열을 내려주고 소변을 원활하게 해주므로 열이 많고 신장과 방광이 약한 소양인에게는 좋지만 몸이 찬 소음인에게는 좋지않다), 흰밀가루 음식
채소류 : 푸른상추, 양배추, 시금치, 파, 양파, 생강, 마늘 (소양참고), 부추, 고추, 취나물, 가지, 무, 열무, 연근, 우엉, 쑥, 쑥갓, 쑥차, 근대, 콩나물, 취나물, 냉이, 달래, 씀바귀, 돌나물, 비름, 익모초, 파슬리, 호박, 피망, 브로컬리 (셀레늄多), 아욱, 도토리묵, 어성초, 고사리, 부추, 호박. (매운 맛을 내는 잎·뿌리채소)	**채소류 :** 오이, 당근, 배추, 유색상추, 도라지, 더덕, 참마, 토란, 깻잎, 미나리, 셀러리, 케일, 신선초, 컴푸리, 고비나물, 비트, 숙주나물, 케일

유익	비유익
과일 : **석류, 대추,** 귤, 오렌지, 자몽, 레몬, 살구, 유자, 살구, 무화과, 사과, 토마토, 딸기, 복숭아, 바나나	과일 : 참외, 포도, 배, 감, 수박, 메론, 곶감, 머루, 매실, 파인애플, 키위, 모과, 수박이나 참외를 먹고 배가 아팠던 기억이 있다면 소음인일 가능성이 높다.
견과류 : 호도, 은행	견과류 : 땅콩, 밤, 잣, 아몬드
육류 : 쇠고기, 닭고기, 양고기, **개고기,** 염소고기	육류 : 돼지고기, 오리고기
해산물 : 미역, 김, 다시마, 파래, 가자미, 도미, 갈치, 조기, 굴비, 삼치, 멸치, 연어, 잉어, 장어, **미꾸라지**(추어탕)	해산물 : 새우, 굴, 조개, 게, 재첩, 바지락, 전복, 오징어, 낙지, 문어, 고등어, 청어, 꽁치, 정어리, 참치, 갈치, 멍게, 해삼 (대부분의 어패류와 등푸른 생선이 해롭다)
기타 : **녹용,** 숭늉, 황설탕, 천일염, 후추, 카레, 인삼, 홍삼, 꿀, 로알제리, 클로렐라, 포도당, 솔잎차, 구연산, 비타민 A·B·C·D, 카레, 후추, 겨자, 계피, 두부, 치즈, 두유, 야콘, 유자차, 소주, 프로폴리스, 자소씨, 옻, 루이보스티차, 우롱차, 홍차, 막걸리, 산초	기타 : 흰설탕, 흰소금, 결명자, 구기자, 오미자, 오가피, 비타민 E, 우유, 계란, 요구르트, 베지밀, 초콜릿, 홍차, 녹차, 커피, 찬음식, 찬음료, 빙과류, 얼음, 맥주, 여주, 알로에

소음인은 생식이나 선식을 피하는 것이 좋다. 선식이나 생식 등 가루 음식은 위벽을 자극하고 위산을 많이 분비시키기 때문에 트림을 자주 하거나 배탈이 쉽게 나는 사람은 피하는 게 낫다. 소음인은 같은 재료로 차라리 죽을 끓이는 게 낫다.

- 여성들은 여름철에도 얇은 면 속바지나 면 아사로 된 속바지를 한 장 더 입는 게 좋다. 에어컨으로 냉방이 잘 된 사무실에서 속옷을 부실하게 입는 여성은 복부, 하체가 냉해져 변비, 물혹, 요통 등이 잘 생긴다.

- 배탈이 잘 나는 소음인은 익히거나 끓인 음식을 먹는 것이 좋다. 익히지 않은 채소나 차가운 과일을 먹게 되면 아랫배가 차가워지고 약한 소화기관에 부담을 준다.

- 여성들에게 많은 체질로 전체 인구의 25%. 치밀하고 꼼꼼한 성격이므로 노란색처럼 밝은 색의 속옷이 기분전환에 도움. 검은색 속옷은 삼간다. 전체 인구의 40% 이상. 흰색 속옷이 좋고 녹색 피한다.

8체질 식품분류표와 사상체질 식품분류표가 일부 식품에서 불일치하는 이유는 사상체질 식품분류표에서는 섭취량 및 빈도 수를 고려하지 않고 단순분류했기 때문입니다.

16. 식품기준 체질 적합도

〈도라지〉

호흡기가 약해서 가래가 많이 나오고 감기에 자주 걸리는 태음인에게 투여하면 효과가 좋다. 태음인에게는 기침이나 감기 외에 소화력이 약한 경우에도 처방할 정도로 도라지가 빈번히 사용된다.

약용으로 사용할 때는 말린 것 기준으로 한번에 10~20g을 달여서 마시거나 가루로 만들어 먹는다. 소화력이 약한 소음인에게 과다 용량의 도라지를 투여하면 소화기능이 떨어지는 현상이 나타날 수 있다.

〈말 많고 탈 많은 밀가루〉

'밀가루는 완벽한 만성 독약이다.'라는 윌리엄 데이비스 박사의 주장은 '채소가 좋고 고기가 만병의 원인이다.'이라는 이상구 박사의 주장과 마찬가지로 서양의학의 프레임에 갇힌 단견이다. 사람마다 체질이 다르다는 접근법이 필요하다.

권도원의 8체질 섭생표에 보면 통밀기루, (흰)밀가부로 구분하지 않고 그냥 밀가루가 태양인은 절대 금해야 할 음식, 소양인 중 토양체질은 유익한 음식, 태음인은 반드시 필요한 음식, 소임인 중 수양체질은 자주 먹으면 해로운 음식으로 분류된다. 그리고 이제마식 사상체질 섭생표에 따르면 통밀가루는 모든 체질에 유익하고, (흰)밀가루는 모든 체질에 해로운 것으로 분류된다.

유당불내증으로 우유를 제대로 소화시키지 못하고, 알코올 분해효소 결핍으로 술을 감당하지 못하듯 밀에 포함되어 있는 글루텐을 제대로 소화시키지 못하는 사람은 밀가루 음식을 파하는 게 좋다. 체질의학에서 음식의 호불호를 분류할 때 그 음식의 처리능력뿐 아니라 그 음식이 오장 중 어떤 장기에 기운을 주느냐의 귀경 여부로 체질별 호불호를 분류하기 때문에, 설사 밀가루가 탈이 없더라도 유익하지 않은 식품으로 분류되었다면 매일 먹는 것은 삼가는 것이 좋다.

저자는 태양인인데 (흰)밀가루 음식을 먹으면 속이 불편하지만 통밀가루 음식인 빵, 국수를 즐기며 속도 편하다. 위의 권도원식 분류라면 유익하지 않은 식품임에도 그렇다. 그러니 몸에서 탈이 없다면 체질에 맞지 않는 식품으로 분류되었더라도 개인차를 감안해 양과 빈도를 조절하는 식으로 대처할 수 있다.

밀을 수확해 기업이 대규모로 밀가루를 제조할 때 건조 및 처리 공정상에서 공간절약·시간단축·변질방지를 위하여 화학처리를 하게 된다. 그리고 빵을 만드는 과정에서 감미료, 방부제, 연화제 등 각종 인공첨가제가 추가된다. 이런 밀가루 식품이라면 도대체 어떤 체질에 유익하겠는가? 음식의 재료가 체질에 유익하냐 여부를 떠나 가공된 인스턴트 식품은 대체로 모든 체질에 득이 안 된다. 무슨 좋은 원료가 들어갔냐는 중요하지 않다. 좋은 원료가 주는 유익함은 잠시지만 미량 포함이라도 불량한 재료가 가하는 데미지는 오래도록 몸에 상처를 남긴다.

〈바나나〉

성질이 찬 과일이라서 몸이 차거나 아랫배가 찬 사람은 많이 먹으면 위가 약해지거나 소화장애가 생길 수 있다. 사상의학적으로 보면 소양인이나 태양인 체질과 잘 맞는다. 그러나 너무 많이 복용하면 위장 기능에 장애를 초래할 수 있으므로 하루 1kg 이상 먹지는 말아야 한다. 소음인인 경우에는 껍질에 검은색 반점이 생길 때까지 숙성된 다음에 조금만 먹는 것이 바람직하다. 장거리 운송을 위해 처리한 약품 잔류로 인해 갓 포장을 제거한

싱싱한 바나나는 설사를 야기시킬 수도 있다.

〈백년초〉

백년초는 신장이 약한 소양인, 금양인에게 좋고, 반대로 소음인에게는 가장 좋지 않다.

〈박과 식물〉

참외, 수박, 오이 같은 박과식물은 뜨거운 열기를 식혀주는 장점이 있지만, 몸이 찬 사람의 체력을 떨어뜨리는 부작용도 있다.

〈보리〉

태양인의 식품으로 구분한 보리는 소화기능이 좋아 살이 찌고 열이 많으면 좋지만, 비위기능이 약해 마르고 소화력이 떨어지는 금음체질의 경우 냉한 메밀과 보리가 부담이 될 수도 있다.

〈복분자〉

무엇이든 과하면 부작용이 생긴다. 복분자 역시 마찬가지이다. 복분자가 아무리 좋다고 해도 몸에 열이 지나치게 많거나 성기능이 좋은 사람은 피하는 것이 좋다. 복분자는 신이 약한 소양인(토양, 토음)과 목양, 금양에게 이로울 것이라 추정된다.

신이 튼튼한 소음인(수양, 수음)이나 금음, 목음은 해롭다고 하겠다. 그래서 금음인이 복분자주를 마실 때 다른 술에 비해 빨리 취할 수 있다.

소양인인데 음위증(陰痿症)으로 부부 관계가 잘 되지 않아 고민하던 사람이 복분자즙을 먹고 음위증이 며칠 만에 바로 해소되었던 사례도 있다.

〈산수유〉

산수유는 특히 소양인에게 좋은 식품이다. 소양인은 신장기능이 약하고 비장기능이 강한데, 산수유는 소양인의 약한 신장을 도와 뼈를 튼튼하게 하고 성장발육을 촉지시킨다.

〈스쿠알렌〉

상어간에서 추출한 불포화 기름이 주성분인데, 태음의 약한 폐를 보하면서 너무 강한 간을 다스려 음양의 균형을 잡아준다.

〈양파〉

양파는 소양인이 과다섭취하면 위장장애, 혈압상승, 두통 등 여러 부작용을 일으킬 수 있다. 소양인에게 해로운 식초까지 곁들이면 더욱 좋지 않다. 반대로 양파를 머고 콜레스테를이 떨어지고 건강이 크게 좋아졌다는 사람들은 대부분 태음인이다.

태양인, 소음인에게 양파가 유익하지만, 그러나 너무 많이 먹거나 자주 먹게 되면 이롭지만은 않다.

〈연자잎차〉

태음인의 발기부전은 양기가 부족해서 생기는데, 연자잎은 푸른 잎이니 성질이 차갑고, 따라서 연자잎차를 과다복용시 태음인의 몸을 더 냉하게 해서 발기부전을 야기할 수도 있다. 연자차(연씨로 만든 차)는 태음인에 좋다.

〈유근피〉

유근피는 뿌리식품으로 기본적으로는 음적 체질에 잘 맞다. 하지만 유근피는 음적 성질도 지니고 있어 양체질이 먹어도 별 부작용은 없다. 염증질환 그 중에서도 위염과 위궤양에 탁월한 효과가 있으니, 체질을 따지지 않고 먹어서 효과를 볼 수 있는 몇 안 되는 약재 중의 하나이다.

〈율무〉

율무에는 종양 억제작용을 하는 코이키소에노라이드와 루신, 티로신이 들어 있다. 혹이나 사마귀가 자주 생기는 사람은 율무 10%를 섞어 밥을 해 먹거나, 율무밥을 한 뒤 믹서기에 갈아 율무풀을 반창고에 발라서 사마귀 위에 율무팩을 붙이면 좋다. 1시간 정도 지나 따뜻한 물로 씻되 비누는 사용하지 않는다. 남은 것은 냉장보관하며 매일 10~15회 반복한다. 자기 전에 붙이고 자는 것도 좋다.

〈인진쑥〉

간의 염증을 없애주는 약성. 소음인의 간, 비위의습열을 제거하는 요약으로 황달을 치료, 그러나 소양인은 장복하면 간독성으로 황달을 일으킬 수도 있다.

화날 때 (5) 분 멘토

제 4 장
지혜가
선사하는 힐링

1. 힐링을 위한 글

1) 세상아 와라

인생이 별거 아니다. 어떤 목적, 의미를 찾다 보면 삶이 버거운 거다. 행복해야 하고 가져야 하고 그것에 못 미치면 좌절하고 절망으로 치닫는 사람이 있다.

사람이 늘 행복해야 하나? 그건 아니다. 늘 의미 있는 일을 해야 하나? 그건 아니다 내키는 대로 사는 거다.

좋은 일이 있으면 좋은 대로 그렇지 않으면 그렇지 않는 대로 사는 거다.

세상아 와라… 오는 대로 살겠다!

2) 행동이 운명이다

대개의 사람이 이미 성공에 이르는 정답을 알고 있다. 그러나 그 정답은 그저 지식일 뿐이다. 거꾸로 가도 답은 마주치게 되어 있다.

아는 것과 행동이 별개라는 것이 관건이다. 성공을 위한 키워드는 행동이다.

아무리 감동이 진해도 결국 아침 안개마냥 사라진다. 행동의 힘이 없는 사람에게 아무 일도 없었던 거나 마찬가지다.

행동이 운명이다. 타고난 운명이 쉽게 바뀌지 않듯이 행동도 좀체 길들여지지 않는다.

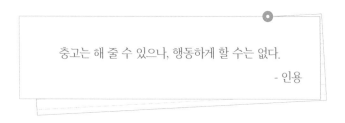

충고는 해 줄 수 있으나, 행동하게 할 수는 없다.

- 인용

3) 누구나 벅찬 경계에서 힘든 싸움을 하고 있다

사람은 처한 여건 만큼 견디는 힘도 나온다. 편하면 편한 대로 풀어져 힘들고, 곤경에 처하면 견딜 만한 각오가 생긴다. 그러니 숨쉬는 자는 누구나 벅찬 경계에서 힘든 싸움을 하고 있다.

2차대전 당시 죽음의 수용소에서 유대인들은 식빵 한 조각으로 4일을 버티기도 했다. 사람은 마음먹기에 따라 무한히 강해질 수 있다. 그러나 편안함에 안주하면 금새 무질서해지고 무너지기도 한다.

살아야 할 이유를 가진 사람은 어떠한 것도 견뎌낼 수 있다.

4) 소중한 이를 위한 헌신

때론 소중한 이에게 시간을 바치느라 지체함이 가장 빠른 길이다. 목표를 향한 집요한 시선을 잠시 잃어보라. 남은 조그만 시간에 열정과 집중으로 오히려 더 많은 일을 하게 된다.

5) 관계 지향적 균형감

양보나 사과가 항시 어느 한 사람은 옳고 다른 사람은 그르다는 의미는 아니다. 이는 당신이 자신의 자존심보다 관계를 더 중시한다는 의미일 뿐이다.

6) 고진감래(苦盡甘來)

수확을 앞둔 사과는 일교차가 10~15도 가량 나야 열매가 성장과 수축을 반복 하며 과육이 단단해서 맛이 베인다. 쇠의 담금질 과정도 데움과 식힘을 반복한다. 사계절이 있는 우리 민족의 생존력이 강한 이유일 것이다.

우리의 일상도 마찬가지다. 매일 잠시나마 버거울 정도의 신체적 활동, 정신적으로도 다소 부담 갈만한 시간을 갖고 나서야 이완되는 시간이 의미 있고 달콤하다. 우리가 매일 걸어야 신체적 건강과 정신적 수양이 되는 것도 같은 담금질의 의미다.

맛있는 사과가 되고 싶은가? 고진감래라고 매순간 반복하는 속박을 즐거워하는 사람만이 충만한 행복의 시간을 가질 수 있다.

7) 일 많은 것도 복이다

사용하지 않고 방치되는 타이어는 삭지만 굴리는 타이어는 탄성이 유지된다.

마찬가지로 사람도 넘치는 시간과 불건전한 여가보다 차라리 강도 높은 근로가 심신의 건강에 더 유익하다.

일 많다고 불평할 거가 아니라 일도 복이라 생각해야겠다.

100%란 없다. 순금도 99.99%의 순도일 뿐이다.

높은 자리일수록 책임도 크고 힘들어 못해먹겠다는 말이 나온다. 그래도 서로 하려는 이유는 뭔가?
힘든 면도 있지만 좋은 것도 있기 때문이다. 그러니 우리 삶에서 완전한 만족을 기대하지 말고 51%만 좋으면 좋은 거로 보자.

8) 가장 무거운 짐

등에 진 짐이 무거워 골병 드는 거가 아니다. 마음 무거운 거가 가장 큰 짐이다.

이런저런 이유로 마음이 내키지 않아 닫힌 마음을 경계하라. 천근만근 무거운 짐을 지는 격이다.

마음을 닫으면 창살이요, 마음을 열면 새처럼 훨훨 자유인이라.

감사하면 감옥이라도 수도원이 될 수 있다.

9) 시간은 상대적인 것이다

당신의 애인이 '시간이 부족해서…' 혹은 '바빠서…' 라고 변명하면 그는 당신에게 정성이 부족한 것이다. 시간의 존재는 절대적이 아니라 마음먹기 나름으로 만들어지는 상대적인 것이다.

이 세상에서 시간이 부족해 못하는 일이란 없다. 관심이 없으면 실행을 가로막은 장해가 생기고 어떻게든 빠져나갈 핑계거리가 생긴다. 절실하고 간절하면 어떻게든 시간은 만들어진다.

10) 인간이란

인간이 원숭이보다 훨씬 교활하다. 인간은 생리적으로 양육 강식의 짐승이지만 도덕적 존재이기에 양립에 모순이 있다. 인간이 불완전 존재이기에 역사 이래로 개인, 가정, 조직, 그리고 국가가 문제투성이다. 그러니 번뇌란 인간의 본질이고, 숨이 멈춰서야 비로서 번뇌에서 자유로울 수 있다.

궁극의 도(道) 란 비움(空)이다. 비움이란 번뇌의 비움이 아니다. 비움이란 나다움을 자연스럽게 받아들이는 거다. 불완전한 존재, 부끄러운 나, 번뇌의 나를.

생물은 어느 것 하나 명확한 것이 없다. 우리가 뭔가를 이해했다고 하는 것은 겨우 한 꺼풀 벗겨낸 것일 뿐, 그 아래 훨씬 더 복잡한 것들이 도사리고 있다. 자연은 결코 간단하지 않다.

- 인용

11) 스스로 일어서라

역사 이래 구세주일거라는 많은 사람들이 있었지만 누구도 세상을 구원하는 일을 해내지 못했다. 그러니 스스로를 구원하라.

12) 간디의 선행

기차가 출발하려는데 간디가 실수로 구두 한 짝을 기차 밖으로 떨어뜨렸다. 간디는 나머지 한 짝을 기차 밖으로 던졌다. 가난한 누군가에게 그 한 짝은 쓸모없을 거라 생각해서 나머지를 던진 것이다.

선행은 상대의 응답을 바라지 않는 무조건적인 것이어야 한다. 그래야 그 선행이 내 안에 뿌리 내리고 행동으로 지속 가능하다.

생계는 우리가 받는 것으로 유지되지만,
인생은 우리가 주는 것으로 이뤄진다.

- 윈스턴 처칠

생활을 간소화하면 견물생심의 기회가 줄어 욕심을 줄일 수 있다.

- 청빈 대법관 조무제

13) 나이는 숫자에 불과하다

① 마음의 나이는 없다

육체의 나이는 있어도 마음의 나이는 없다. 누구나 마음의 나이는 젊음에 멈춰있다. 마음은 청춘이다. 그래서 칠십의 노인도 가슴 설레는 사랑을 할 수 있고 서로 손을 맞잡는다.

② 부족함이 인간의 본질이다

나이 먹어도 지고지선한 깨달음의 경지란 없다. 전 생애에 걸쳐 늘 부족함을 채워가는 것이 인간이다.

③ 어린아이 같은 호기심과 열정

신체적 나이에 대한 고정관념에서 벗어나 어린아이 같은 호기심과 열정을 유지하라.

모든 어른의 무의식에는 성장이 정지된 어린아이가 숨어있다. 내 마음속 어린아이에게 자리를 내줄 때 중년까지 이어온 억압이 해소 되면서 정신적 변화와 더불어 신체적 호전현상이 수반 된다.

마음속 어린 아이란 어린 시절 막힌 인식과 체험이며, 성장을 가로 막은 이것들에 의미를 부여해줄 때 극복된다.

14) 마음에서 겪지 않고는 쓸 수 없는 거가 글이다

어떻게 혜민스님 같은 젊은 사람에게 세상을 다 겪은 듯한 그런 심오한 지혜의 글이 나오는가? 왜 공자는 그리 '공자같은(=주옥같은) 소리' 가득한 지혜의 글을 남길 수 있었을까?

우리보다 더 고뇌가 깊고 더 유혹이 많았기 때문에 스스로의 마음을 다스리기 위한 방편으로 그런 좋은 글이 나왔을 것이다. 마음에서 겪지 않고는 쓸 수 없는 거가 글이다. 그러니 덜 예민해 무던히 사는 우리가 행복한 사람이다.

15) 정반합(正反合)

보수와 진보, 남과 북, 밤과 낮, 음과 양, 양지와 그늘…

동전의 양면처럼 세상 만사에는 늘 양면이 있다. 그것이 하나의 지체를 이루며 비로소 전체로서 온전히 기능할 수 있는 것이다.

수레가 하나의 바퀴로 균형을 이루어 굴러 갈 수 없다. 반대쪽에 있으면서 서로 의지하며 굴러가는 바퀴처럼 정반합(正反合)을 새겨볼 일이다.

그러니 내가 서있는 반대쪽을 악으로 규정하거나 배척할 거가 아니라 그 존재를 보듬고 잘 다스리며 살아갈 일이다.

좋은 사람끼리 만나 좋은 커플이 될 확률이 악당끼리 만나 죽이 잘 맞는 커플이 될 확률과 별 차이가 없다. 내가 아무리 좋은 사람이라도 본의 아니게 세상에는 상극관계, 임자관계가 있다. 왠지 내게 껄끄러운 놈이 있고, 사람 좋은 내가 누군가에게 그런 껄끄러운 놈일 수 있다는 것이다.

16) 일어날 일은 반드시 일어난다

삶은 그때그때 운으로 만들어지는 것이 아니라 이미 예정된 방향성이 있다. 그 지향점을 향해 이끌어 가는 오감 밖의 힘이 있다.

부화한 지역을 수만리 떠나 살던 연어는 같은 지역에서 자란 연어라도 5년이 지나 북반구든 남반구든 바닷길을 더듬어 각자 살던 곳으로 찾아가는 귀소본능이 있다.

삶에 거대한 흐름이 있다는 거를 깨닫고 부질없는 집착을 내려놔야 한다. 일어날 일은 반드시 일어난다.

> 하늘의 해를 간절한 마음으로 붙잡아 둘 수는 없다. 자연 법칙에 기적이 없다는 의미다.

17) 현실이 꿈이 되고, 꿈이 현실이 된다

의식은 무의식의 통제를 받고 무의식은 의식에 의해 영향을 받는다.

씨앗이 미래 모습을 품고 있듯이 밤에 꾸는 꿈은 미래의 방향을 결정한다. 현실의 연장이 꿈이고, 꿈의 연장이 현실이다. 현실이 부실하면 꿈도 부실해지고, 꿈이 사나우면 미래도 사나워진다.

18) 운명이란?

얼굴은 오장육부에서 형성되니 얼굴에 사람의 근본인 마음이

드러난다. 천성은 바뀌지 않으니 박복한 사람은 그렇게 살아간다. 얼굴이 귀한 상이면 기세가 강한 사람에게도 눌리지 않는다.

일란성 쌍둥이가 다른 운명을 가는데, 그 둘은 눈의 기운이 다르고 음성이 차이가 난다. 음성은 마음의 소리로, 마음이 다르니 다른 운명을 걷게 되는 것이다.

전화로 전개되는 관계의 양상과 실제 만나서 전개되는 분위기가 비슷한데, 음성에 실린 기운이 곧 마음이다.

19) 파레토의 80대 20 법칙

20%의 소수가 80%의 결과를 만들어 내는 파레토의 법칙은 여러 측면으로 확장되어 적용되는 개념이다.

기업의 매출에서 상위 20%의 고객이 매출의 80%를 발생, 교수가 강의할 때 학생의 상위 20%만 제대로 이해, 미디어 기사나 책의 앞부분 20%에 주요 내용이 집중됨, 하루 중 받는 전화의 대부분은 가까운 사람 20%에게서 옴, 개미집단에서 일하는 집단은 20%에 불과하다는 사실 등이 파레토 법칙의 확장이다.

그런데 일개미 중 제대로 일하는 20%를 따로 모아 집단을 만들어도 역시 80%는 빈둥거리며 논다고 한다. 능률적이지 못한 80%도 전체 조직의 존립기반이라는 의미다.

우리의 삶도 제대로 되는 일이 20이고 일이 잘 안 풀리고 스트레스 받게 하는 것들이 80이다. 80도그 상태로 나의 존립기반이다. 안 되는 80은 느긋이 봐넘기고 20에서 행복을 찾는 지혜가 필요하다.

20) 집단무의식세계

'집단무의식세계에 지난 역사의 모든 개인들의 삶이 다 기록되어 있고 지혜들도 쌓여 있다' 는 융의 말은 사이코메트리를 생각하면 신뢰할 만하다.

그러한 집단무의식의 내용들 중 일부가 시공을 초월해 어떻게 특정 개인의 내면세계와 얽히는 지는 알 수가 없다. 그 얽힘이 드물게 언급되는 전생체험으로 기술되는 건가. 그 전생 현상은 현재의 삶에 명확히 영향을 미친다.

눈앞의 사람하고만 대화가 있는 것이 아니고 시공을 건너뛰어 사람 사이에 끊임없는 상호 작용이 일어나고 있다.

21) 진리와 현상의 차이

지구는 둥글다. 그러나 땅은 평평하다.

지구는 태양의 주위를 돈다. 그러나 땅에는 매일 해가 뜨고 진다.

인류는 한 유기체로 시공을 초월해 존재하며 같이 호흡한다. 그러나 사람은 서로 섬이다.

신은 인간의 오감 안에서 찾을 수 없다.

사진 황창규

22) 오감 너머 현상

① 사람 사이의 궁합

서로 자리를 함께 할 때 사람이 언어로만 소통하는 거가 아니다. 오가는 기운으로 더 큰 소통이 있다. 필자가 〈아이 살리는 심리학이 어른도 살리다〉를 쓰게 된 동기는 신부님 강의 하루, 그리고 수녀님 강의 이틀을 듣고 큰 깨달음이 왔기 때문이다. 서로 마주 대하는 순간 큰 정신적 흐름이 오갈 수 있다.

서로 당기는 기운이 있고 서로 밀치는 기운이 있다. 100미터 이내에 향나무가 있으면 배가 열리지 않는다. 사람도 부모자식 사이 혹은 형제자매 사이에 당기고 밀치는 기운이 작용한다. 이로 인해 집안의 흥망성쇠가 영향을 받는다.

엄마 아빠 중 아이와 기운이 상충하는 부모가 가까이 있을 때 잠을 잘 못 이루고 뒤척이는 경우, 셈을 잘하던 아이가 정확성이 떨어지는 등 학습능력/학습의욕이 저하되는 경우, 식사량이 줄어드는 현상이 발생한다. 극단적으로 안 맞는 경우는 생존본능으로 아이가 집을 뛰쳐나가는 경우도 있다.

사상체질 진단 때 피실험자에게 음식을 오른손에 쥐게 하고 왼손 힘의 강약으로 체질을 판단하는 방법이 있는데, 이렇게 음식뿐만 아니라 사람도 서로 기를 억누르거나 북돋는 상생 상극의 관계가 작용한다.

새로운 가족의 일원으로서 혹은 가정교사나 가사 도우미로서 집안에 사람을 들일 때도 운세의 변화가 일어난다. 이는 대외적 활동 무대에서 구성원 사이의 관계에서도 나타나는 현상이다.

이 책의 '제3장'에서 '2. 체질과 궁합'을 읽어보면 위에서 언급한 현상의 이해에 도움이 될 것이다.

미국 오하이오대학 연구팀이 90쌍의 부부를 대상으로 에피네프린, 노르에피네프린, ACTH, 코르티솔 등 4종류의 호르몬 수치를 검사해 40년 뒤 이혼율을 조사했더니 이 중 3가지 수치가 지속적으로 높으면 이혼 가능성이 높았다.

이들 호르몬은 신체가 갈등상황을 조절하는 과정에 관여하는 스트레스 호르몬인데, 일단 높아진 호르몬 수치는 그 상태로 높게 지속한다.

이 호르몬은 배우자의 존재로 야기된 상대적 반응임을 고려하면, 배우자 이외의 가족 혹은 직장동료 사이에도 기의 호불호가 존재한다는 추정이 가능하다.

② 과학 너머 존재의 신비

한 방울의 물은 약 170경 (1,700,000,000,000,000,000)개의 분자로 구성되었으니, 이 한 방울로 희석시킨 모든 바닷물은 1리터에 원래 한 방울에 있던 42개의 분자를 포함하는 셈이다.

단 한 방울의 물이 전 지구에 미치듯이, 사람의 미세한 기운도 전 지구를 덮는다. 부시 정부 때 비행기가 밀림에 불시착했을 때 비행기 위치를 찾기 위하여 초능력자를 이용한 적이 있다. 우리나라에서도 삼풍백화점 붕괴사고 때 잔해더미에 매몰된 생존자를 찾아내기 위해 생명의 기를 감지할 수 있는 사람이 나서 생존자를 구조한 적이 있다.

인간의 피부세포에서 생명체를 복제할 수 있다 한다. 나누고 또 나누어 티끌이 되어도 그 부분 속에 전체가 잠겨있다. 물 한 방울에도 지구의 역사가 녹아 있음을 생각해본다.

사이코메트리란 사물에 남아있는 흔적으로 이전의 상황을 읽어내는 심리학 분야인데 우리나라 범죄수사에서도 이용하고 있다. 미국 지질학자 덴튼 박사는 그의 누이가 어떤 지질학적 견본 (광석, 돌멩이, 화석류)를 이마에 갖다대는 것만으로 그 견본에 관계

된 과거역사를 시각적인 영상으로 볼 수 있었다고 보고했었다.

'집단무의식세계에 지난 역사의 모든 개인들의 삶이 다 기록되어 있고 지혜들도 쌓여 있다'고 심리학자 융은 언급했다.

빛이 빠르다고 하지만, 생각은 떠오름과 동시에 만상에 스며들어 그 대상에 영향을 미친다.

③ 이름

2005년에 KT&G의 발표에 따르면, 시나브로, 한마음 등 우리말 담배가 안 팔린다고 한다. 1988년 발매된 '시나브로'란 이름의 담배는 점유율이 점차 떨어져 2004년 생산이 중단 되었고, 2004년 발매된 '한마음' 역시 지지부진한 점유율로 단종, 2001년 출시된 '잎스(잎+스치다)'는 6개월 만에 사라졌다. 이에 비해 1999년 선보인 '디스 플러스'는 높은 점유율로 현재까지 이어지고, 2001년의 '시마' 역시 우리말 브랜드에 비해 선전했다.

담배는 생명체가 아닌 상품이기 때문에 담배와 구매자 사이에 서로 작용을 주고받는 것은 아니지만, 이름 그 자체가 사람의 심리에 끼치는 영향력은 의미심장함을 알 수 있다.

상품과 달리 사람의 이름은 상대방의 심리에 영향을 줄뿐 아니라 당사자에게는 운명을 좌우할 만한 심리적 영향을 미치기도 한다. 필자가 전에 직장생활을 할 때 동료가 이름으로 인해 자신에게 닥칠 미래에 대해 어느 노인에게 들었다며 불평하는 바를 들었는데 그 노인이 언급한 나이 때 실제로 그에게 그 일이 닥쳤다.

성명학은 음양오행의 이치를 근간으로 하고 있다. 이름을 통해 음양오행이 최적의 상태로 조화를 이루도록 정하는 것이 요체다.

④ 수맥

1999년 이문호 교수가 밝혀낸 바에 의하면, 수맥은 지구 내부의 지하광물, 석유가스층, 지하 수맥 등으로 인해 발생하는 지자기 교란이다. 서울의 평균 지자기장은 0.5가우스인데, 최대 6배나 더 심한 곳도 있었다. 실험용 쥐를 평균의 3배 정도인 1.5가우스에 3일간 노출했더니 정상 토끼에 비해 활동성이 저하되고 간조직에 스트레스성 단백질이 2배 증가했다.

이교수팀은 실제 주거지에서 지자기가 사람에게 미치는 영향을 조사했는데, 평균의 1.5배(0.75가우스)가 넘는 곳에 거주하는 사람들은 대부분 두통, 목이 뻐근한 증상이 있었다. 지자기교란은 층수에 관계 없이 나타났고, 40세가 넘는 중장년층이 지자기교란에 민감한 것으로 나타났다.

경남 고성군에 있는 성마리오농장에서 초기 터를 잡던 때의 일이다. 인부들이 지하수 개발을 위해 늘어 놓은 시추공 장비를 본 이종창 신부님이 다른 데로 위치를 옮겨주어 단 한 번의 시추로 지하수가 뿜어져나왔다. 6만5천평의 넓은 농장에서 다른 곳은 수맥이 없어 아무데라도 집을 지을 수 있다고 신부님이 알려줬다.

1983년 독일정부에서는 수맥파 지역에 대한 과학적인 연구의 베츠(Bets)와 쾨닝(Konig) 뮌스터대학 교수에게 수맥탐사가에 대한 전반적인 조사를 실시토록 했다. 수맥탐사가들이 과연 수맥을 정확하게 찾을 능력이 있는지를 알아보고자 한 것이다. 그 결과 조사대상 500명 중에서 겨우 5%만이 수맥을 정확히 찾는 능력을 갖고 있었다. 지난 1세기 이상 수맥에 대해 연구해온 독일의 수맥탐사가들이 이 같은 수준이니 수맥연구가 짧은 우리의 현실도 크게 다르지 않을 것이다.

필자도 새로운 회사에 처음 발령을 받아 근무하는데 아침 1

시간 앉아 있고 나면 극도로 피곤해져 제대로 업무를 수행하기 힘들었다. 동판을 구입해 자리 밑에 깔았더니 이후 새벽부터 밤 12시까지 강행군을 해도 끄떡없었다.

필자가 베트남에 근무할 때인데, 기숙사 어느 방에서 자는 사람들은 하나같이 가위눌림을 경험했고, 필자 역시 그 방에서 가위눌림을 경험했다. 그 방을 사용하던 직원이 감기가 걸렸는데 쉽게 낫지 않고 체력이 약해져 결국 그 방을 피하려고 집에서 출퇴근을 했다.

일반적으로 태양인과 소음인이 수맥을 잘 타고, 태음이나 소양인은 덜 타는 경우가 많다. 태양인은 통찰력 높은 직관이, 소음인은 섬세한 감정이 잘 발달된 유형이다. 수맥파에 노출되면 자신의 가장 약한 부분이 먼저 증세를 보인다.

일반적으로 소화기 계통이 약하고 기름진 것이나 육식을 싫어하는 채식주의자들이 수맥에 민감하게 반응하며, 이상적이고 원리원칙을 강조하는 사람도 수맥을 잘 타는 체질이라 할 수 있다. 생활환경이나 건강관리에 큰 잘못이 없는데도 늘 기운이 없고 아프다면 수맥을 의심해볼 필요가 있다.

◈ 수맥파의 영향과 자가 진단법

[수맥파로 인한 인체 영향]

- ☐ 불면증에 시달리며 잠이 들어도 깊이 들지 못하고 악몽에 시달릴 때가 잦다.
- ☐ 아침에 일어나기 힘들고, 자고 나도 항상 피로하고 몸이 무겁다.
- ☐ 정서적으로 산만하여 공부에 집중할 수가 없다.
- ☐ 신경통이나 관절염이 걸리기 쉽고, 임산부는 사산하거나 기형아를 낳기 쉽다.
- ☐ 고층 빌딩의 벽이 갈라지고 식물이 잘 자라지 않는다
- ☐ 컴퓨터 및 정밀 전자기계가 고장이 잘 난다.

[수맥 자가 진단법]

☐ 나의 병은 현재의 집이나 잠자리로 옮긴 뒤부터 생겼는가?

☐ 현재의 잠자리나 집이나 사무실을 떠나면 기분이 더 좋아 지는가?

☐ 가족들 중 집안 분위기가 편안하지 못하다고 느끼는 사람 이 있는가?

☐ 침대 위나 아래에 고양이가 눕기를 좋아하는가?

☐ 먼저 살던 사람들 중에 특별히 심하게 아프거나 개인적으 로 문제가 된 상황은 없었는가?

☐ 병원진단은 모두 정상인데 늘 기운이 없고 잠도 설치고 여 기저기 아픈가?

☐ 병명과 치료법이 명백한데도 일반적인 처방법이 듣지 않는 다면 수맥에 기인했을 가능성이 높다.

☐ 귀신을 보거나 소리를 듣는 것과 같은 불쾌한 현상은 없 었는가?

☐ 잠을 자면서 가위눌림을 느끼거나 몸이 마비되는 듯한 불 쾌한 기억은 없었는가?

☐ 집안의 특정 장소에서 부자연스럽게 오싹하거나 음습한 기분이 있었던 적은 없는가?

2. 소통

1) 대화의 세 가지 형태

이혼의 원인을 살펴보면 비난, 경멸, 담쌓기, 방어와 같은 식의 의사소통에 주요 원인이 있다. 부모와 자식 사이, 그리고 친구 사이 등 모든 인간관계에서 이것이 갈등의 주요원인으로 작용한다.

아내가 "당신 오늘 일찍 와서 아이 숙제좀 도와줘" 하자 남편은 "그래" 라고 대답하고 늦게 들어와 약속을 지키지 못했다.

이 때 아내는 "그럼 그렇지! 당신이 언제 약속 지킨 적 있어" 라고 하면 남편은 미안한 마음이 싹 가신다. 왜냐면 남편의 행동에 대해서가 아니라 사람에 대해 언급한 것이기 때문에 내 인간성을 건드린 것이 된다.

"오늘 아이 숙제를 도와준다고 해서 내가 많이 기다렸어. 그래서 내가 많이 속상해!" 라고 아내가 말하면, 남편은 미안한 마음이 들면서 잘하고 싶은 생각이 새로워진다. 이렇게 정중히 이야기 하고 건강하게 싸워야 한다.

사람에 대한 비난은 상대에게 저항감과 반항심을 불러오니 행동에 대해 언급해야 한다.

① 다가가는 대화

공감해주는 것, 동조해주는 것이 다가가는 대화이다.

② 멀어지는 대화

상대가 하는 말의 **주제·의미를 포착해서 동조해줘야지 주제를 바꾸지 마라.** 마음을 잘 읽을 수 있어야 하고, 읽지 못한 경우는 '미안, 내가 못 읽었어' 해야 한다. 언어적 절차를 밟지 않는 사과는 그대로 앙금이 남을 수 있다.

이번 주 아이 관찰학습을 위하여 같이 가자는 아내 말에 남편은 '나 주말에 골프 갈 거야'라면서 주제가 야외에서 골프로 바뀐다.

'엄마, 나 100점 받았어' 라는 아이 말에 엄마는 '100점 맞은 애들이 몇이나 되는데' 라고 한다. 아이가 100점 맞았다고 자랑스럽게 말하면 엄마도 같이 기뻐해주면 좋은데.

③ 원수가 되는 대화

이혼부부의 공통점으로 94%가 비난, 경멸, 방어, 도피하는 대화이다. 말로 인해 내가 난 자식하고도 원수가 되고 자식이 울타리 밖으로 뛰쳐나간다.

야구선수들이 가장 듣기 싫어하는 감독의 말?

① 너, 어느 학교 나왔어? (한심하다는 표정으로)

② 내가 니 덩치면 홈런 50개는 치겠다.

③ 너하고 이종범이 100미터 뛰면, 너 올 때까지 이종범이 전화 한통은 걸겠다.

④ 너, 내일부터 입장권 사가지고 들어와. (후보선수에게).

⑤ 뭘 했다고~ 밥만 축내는 놈이…

⑥ 시절 좋아서 돈 많이 받은 줄 알아라.

⑦ 너는 어째 먹는 것만 슬럼프가 없냐?

⑧ 빨래방망이로 쳐도 너보다는 낫겠다.(타자에게)

⑨ 너 지금 짱돌 던지지. (투수에게)

⑩ 너희집 양계장 하니? (알까는 수비수에게)

2) 대화는 생각의 수레바퀴나

생각이 고이는 상태가 스트레스다. 샘물이 고이면 썩듯이 우리 생각도 새로운 생각거리로 흘러야 마음의 건강이 유지되고 성장한다.

생각을 흘러가게 만들어주는 수레바퀴가 대화이다. 생각이 흘러야 우리의 마음이 건강하게 성장한다.

가르침을 청하는 사람보다 들어주는 상담자가 더 많은 것을 얻는 거가 대화이다. '디어 애비'라는 인생상담 칼럼은 한때 전 세계 1,000여개 신문에 실리고 최대 1억명이 동시에 읽었는데, 그 필자인 폴린 프리드먼 필립스 여사는 수십년 동안 상담일을 해오며 그 스스로 성숙 해졌고 가치관이 바뀐 적이 있다고 고백 했다.

답은 상담자의 입에서 나오는 거가 아니라 피상담자가 스스로 하는 말에서 씨앗이 나오고 답으로 진화한다. 좋은 상담자는 수가 높은 상담자가 아니라 그저 말의 물꼬를 터줄 뿐이다.

3) 토론과 논쟁

내 생각을 다듬기 위해 남의 얘기를 듣는 것이 토론(discussion)

의 본래 목적이다. 남의 얘기는 안중에 없고 오직 상대를 제압하겠다는 거는 논쟁(debate)이다.

인간은 언어라는 도구를 사용해 사고한다. 그러니 좋은 토론은 화두를 꺼내고 생각을 정교하게 다듬고 정리하는 과정을 거치게 한다. 이런 과정을 통해 나의 처음 생각은 씨앗이 싹을 틔우고 큰 나무로 자라듯이 발효되고 한 단계 진화한다.

토론으로 인해 통찰이 빛을 발하고 창의력이 샘솟는다. 교육에서 그리고 일상에서 이런 토론문화가 널리 퍼지기를 바란다.

토론은 소통하고도 가까운 단어이다. 정신적 성장과 신체적 건강을 위해서는 좋은 음식, 운동 이상으로 토론과 소통이 중요하다.

"지혜는 들음에서 생기고, 후회는 발함에서 생긴다."

- 인용

그렇지만~
할 말 하고, 말로 실수도 하면서 살아야지. 실수할까 두려워 입을 닫는다면 언제 자유로운 영혼을 펼치고, 표현 뒤에 오는 깨우침을 얻겠는가.

엎어지고 넘어지며 배우는 거가 인생 아닌가.

4) 초설득 (supersuasion)

초(超)설득이란 상대의 인지능력을 순식간에 무력화시키는 설득 기법으로 영국 케임브리지대학 심리학자 케빈 더튼이 창안했는데 다음의 구성요소를 포함한다.

① 단순성(simplicity)

사람의 뇌는 단순하고 짧은 말에 주목한다. 카이사르가 로마 시민들에게 보낸 승전보에서 '왔노라, 보았노라, 이겼노라'는 단순명료한 이 세 마디로 대중을 열광시켰다.

② 듣는 사람에게 이익이 된다고 느끼게 한다(perceived self-intetest)

라면가게에 들어온 손님에게 '손님, 라면에 계란을 넣어드릴까요' 라고 묻는 것보다 '손님, 라면에 계란을 하나만 넣을까요 두 개를 넣을까요?'라고 묻는 것이 계란주문을 높인다. 이렇게 문제를 제시하는 방법에 따라 상대의 의사결정이 달라지는데 이를 프레임 효과(framing effect)라 한다.

수술을 앞둔 환자에게 사망률 10% 보다는 생존률 90%가 훨씬 안도감을 준다. 이렇게 상대방에게 이익이 극대화되는 측면을 부각하는 표현이 설득을 용이하게 한다.

③ 부조화(incongruity)

상대를 유머로 웃길 수 있다면 설득이 더 용이해진다. 의외의 해학적 반전은 마음을 이완시키고 서로 공감을 불러일으킨다. 그래서 마음을 열고 쉽게 협력을 이끌어낸다.

이러한 유머 설득력을 활용하기 위해 세계적으로 유명한 정치인들이 유머작가들에게 도움을 청한다고 한다.

④ 신뢰(confidence)

신뢰는 설득의 토대이다.

⑤ 감정이입(empathy)

상대방의 마음을 헤아려 배려하고 역지사지 하는 자세여야 마음의 문을 열게 한다.

5) 가까운 사이일 때 협상의 기술

① 어떤 대안에도 귀를 막고 상대가 막무가내로 요구를 수용
   하도록 압박할 때 일단 상대의 요구를 수용하는 듯 하며

실행을 지연한다. 시간을 끌면 상황이 바뀌거나, 상대의 입
장이 누그러지거나, 더 나은 대안이 나온다. 시간이 지나
마음이 차분해지면 뒤늦게 지혜가 생겨 자신의 판단미숙
을 자인하기도 한다.

이렇게 지혜는 상황이 일단락되고 나서야 늘 뒤늦게 모습을
드러낸다. 지나고 보면 해결책은 손쉬운데 있었다.

② 상대가 내 얘기에 귀막고 혼자만 일방적으로 떠들 때 잠
자코 상대의 얘기를 들어주다 보면 좀체 결론이 나지 않는
다. 이 때는 구실을 만들어 잠시 자리를 뜨는 것이 좋다.
얘기의 맥이 끊겨 차분해진 상대와 다시 대면한다.

6) 대화를 지배하는 것은 목소리가 아니라 귀다

상대가 청하기 전에 설득하려 들지 마라.
뻔한 이치를 아무리 얘기해도 스스로 깨닫기
전에는 입장이 변하지 않는 것이 인간이다.

나도 그렇다. 주위의 좋은 말 안 들어 손해 본 적이 많다. 내
가 믿는 바가 있으면 누가 뭐라 해도 귀에 안 들리더라.

그러니 남이 뭐라 하면 '하고 싶은 말이니 들어는 주마'라는 마음으로 잠자코 들어줘라. 그거가 가장 큰 베풂이다.

상대는 자신이 한 말이 씨앗이 되어 시간이 지나면 스스로 깨닫게 될 것이다. 스스로 납득 되지 않고는 누구도 대신 답을 줄 수 없다.

자기 안에서 어떤 동기를 발견하느냐에 따라 행동이 바뀐다. 의사가 '담배 안 끊으면 죽어'와 같은 문제에 직면하면 끊게 마련이다.

7) 사람을 움직이는 힘은 귀에서 나온다

사람을 움직이는 힘은 입이 아니라 귀에서 나온다.

탁월한 리더는 말을 아끼고 질문을 하며 상대의 말에 귀를 기울인다. 배움이 부족해 자신의 이름도 제대로 못 썼던 칭기스칸은 '내 귀가 나를 현명하게 가르쳤다'고 말했다.

사람은 자신의 말을 잘 들어주면 존중받고 있다는 생각에 즐겁다. 말주변이 없다고 탓하지 말고, 상대가 자랑스럽게 생각하는 것, 말하고 싶은 바를 찾아서 질문해주면 된다.

좋은 인간관계의 비결은 상대의 특별한 점, 장점을 기억하는 데 있다. '펀(Fun) 경영'으로 유명한 재미교포 여성기업인 진수 테리 씨는 '하루에 한 가지씩 기분 좋은 일에 대해 주변 사람들과 대화를 나누기 시작하자 삶이 변했다'고 한다.

8) 소통이 주는 치유와 내적 성장

어려움에 처해 마음의 문을 닫고 싶을 때 자신의 감정과 생각을 글로 혹은 말로 표현하면 절망의 터널을 빠져나와 현실을 직면하고 꿈을 키울 수 있다.

나의 내면과 소통하는 글쓰기, 그리고 외부와 소통하는 대화는 위로, 치유, 내적 성장의 기회를 부여한다. 특히 대화에 의한 원활한 소통은 삶에 큰 활력을 준다. 혼자만의 생각에 갇힐 때 생각이 정체되어 침체의 늪에 빠질 수 있지만, 대화는 피드백을 받고 서로 생각을 나누면서 주제가 확장되고 생각을 계속 키울 수 있어 좋다.

9) 내가 좋으면 세상이 다 좋다

속 마음은 그런 거가 아닌데 나도 모르게 겉이 딱딱해지는 경험이 있을 것이다. 상대를 싫어해서가 아니라 친화력이 부족해 본의 아니게 경직되는 경우가 대부분이다. 첫 서먹한 분위기를 깬다는 영어로 break the ice라 한다.

더 이상 얼굴 볼일 없다는 듯이 본체만체 하는 상대의 문전박대 싫은 소리에도 개의치 않고 매번 인사하고 웃다 보면 결국 마음이 열리는 경우가 대부분이다.

어렵게 얻는 신뢰야 말로 오래간다. 처음에 갑과 을로 시작되어도 시간이 지나면서 진정 큰 도움이 된다는 것을 느끼면 자연스럽게 평생 파트너가 되는 것이다.

정성이 지극하면 돌부처도 돌아 앉는다고 한다. 내가 좋으면 세상이 다 좋다.

10) 말의 힘

MBC '말의 힘' 영상에 소개된 내용이다.

두 개의 통에 밥을 넣고 각각 '고맙습니다'와 '짜증나'를 써서 붙이고 긍정의 언어와 부정의 언어를 주입했는데, 한달 뒤 전자는 구수한 곰팡이가 피고 후자는 썩었다.

우리 뱃속에도 음식이 가득 들어 있는 밥통이 있고 피가 구석 구석을 흐르며 세포가 살아 활동하는데, '좋은 생각'과 '나쁜 생각'을 각각 주입하면 결과가 어떨까?

'좋은 생각'은 세포를 깨워 몸을 살리지만, '나쁜 생각'은 체액을 탁하게 해서 병을 부른다.

그러고 보니 진짜 '저런~ 썩을 놈'이란 욕이 있다. 내 생각도 나를 살리고 죽이지만, 나를 향하는 그들의 생각도 나에게 미친다. 없는 데서라도 '저런~ 썩을 놈'이란 욕 들을 짓 하지 말아야겠다.

빛이 가장 빠르다고 하지만, 생각은 떠오름과 동시에 만상에 스며든다. 사이코메트리란 사물에 남아있는 흔적으로 이전의 상황을 읽어내는 심리학 분야인데 우리나라 범죄수사에서도 이용하고 있다.

생각 잘 살펴라! 이렇게 생각은 만상에 스며들어 흔적을 남기니까.

생각대로 된다는데, 어떤 생각하고 살아야 할까?

11) 말에 영혼이 깃든다

물의 화학적 구조는 6각형 고리구조, 5각형 고리구조, 5각형 사슬구조 등 3가지 종류이다. 감사를 가득 담은 물은 그 결정이 아름다운 육각형으로 되며 맛이 좋게 변한다. 긍정 혹은 부정의 기운을 물에 담을 수 있다는 의미다.

긍정적인 말과 접한 물의 결정은 아름다운 반면 부정적인 말을 접한 물의 결정은 일그러진다.

말은 마음의 표현이기 때문에 말에 영혼이 깃든다. 말에 마음이 전해지면서 우리 몸의 70%를 차지하는 물이 바뀌고, 그로 인해 우리 몸이 변화를 보인다.

12) 우리 새댁 왔능교~

"우리 새댁 왔능교~"

가게에 들어서는 할머니에게 가게주인이 건

네는 인사말이다. 할머니에게 새댁이라고 불러주는데 기분 나빠 할 사람은 없을 것이다.

말 한 마디로 천냥 빚 갚는다는 속담처럼 따뜻하게 건네는 사려 깊은 한 마디가 사람의 마음을 훈훈하게 녹인다. 이런 신뢰가 형성되면 일이 술술 풀린다.

이 가게주인은 중학교 졸업에 사람을 끄는 따뜻함으로 수백억 재산을 모았다.

13) 요리 배우듯이 말도 익혀야 한다

신부님의 좋은 강론도 5분 하면 하느님의 말, 10분 하면 천사의 말, 15분으로 길어지면 인간의 말이라 한다.

말은 치유의 힘을 갖고 배움을 주기도 하지만 때론 말을 아껴야 할 때도 있다.

말로서 상처받은 경험 있을 것이다. 말 못하는 사람과는 친하게 지낼 수 있다. 강아지하고 친하게 지내지 않느냐. 미군이 한국여성과 결혼해 살 때 영어 못할 때는 사이 좋게 잘 지내다 여자가 영어를 배우면서 싸우기도 하며 관계가 나빠진다. 애들도 말 못할 때는 귀엽다. 이런 아이에게 말을 가르치고 제대로 말을 하기 시작하면서 말을 안 듣기 시작한다. 우리는 마음을 보지 않고 말만 본다. 관계에서 말은 도구일 뿐이다.

칼잡이가 칼 쓰는 법을 배우듯이 말하는 법도 배워야 한다. 요리 배우듯이 익혀야 한다.

14) 사람 사이에 어느 정도 거리가 필요한가

강아지가 함부로 소변을 보면 그곳에 코를 대게 한 뒤 손바닥으로 방바닥을 치며 꾸중하고, 제대로 가리면 칭찬과 함께 간식을 주면 얼마 후부터는 제대로 가린 뒤에 먹을 거 달라고 꼬리친다.

그런데 길들여진 강아지라도 심술이 나면 멋대로 갈기며 얄미운 짓을 한다. 다른 식구들에게는 뽀뽀도 하고 핥아주던 빌리가 저를 챙겨주며 가장 많은 시간을 보내는 나를 무시하고 외면한다. 소홀히 한다 싶어 시위하는 듯 하다.

언젠가는 신발을 하나하나 물어다 쌓아놓던 빌리는 '빌리~'하는 나의 경고 목소리에 가만 엎드려 능청맞게 딴 곳만 쳐다보면 눈을 맞추려 않는다.

'잘 해주는 자식에게 효자 나지 않는다'는 옛말처럼 오냐오냐 해주면 세상이 다 지 뜻대로 되는 줄 안다. 떼쓴다고 다 해주면 나르시즘에 이른다. 관계에서도 서로 밀고 당기며 때론 긴장 속에서 때론 격려 속에서 건강하게 감정을 표현하며 자연스런 욕구지연이나 좌절의 체험을 통해 기대수준을 적정하게 유지하며 관계를 다지는 기간이 필요하다.

2002년 월드컵 4강의 히딩크 감독은 팀을 조련하던 당시 코치진에게 '이천수가 만약 골을 넣더라도 일부러 눈도 마주치지 말'라고 엄명을 내렸다. 자신감이 철철 넘치는 이천수가 튀지 않도록 누른 것이다.

관계를 신선이 유지하기 위해 사람과 사람 사이에 혹은 사람과 강아지 사이에 어느 정도의 간격이 필요할까? 아무리 좋은 거라도 포화점이 있다. 귀한 것도 가까이 있어 익숙해지면 일상이 되어 기대수준도 같이 높아진다. 그리고 감정이 얽히며 고마운 거보다는 기대수준에 못 미치는 허물에 초점이 맞춰진다. 내 딴에는 한다고 하는데 높아진 기대수준에 줄 것 주고 해줄 것해주면서 오히려 욕을 먹는 경우가 있다. 고마웠던 만큼 기대에 못 미치는 데서 실망이 미움으로 바뀌나 보다. 우린 낯선 사람보다 대개 우리 주변 가까운 사람을 더 미워하는 경향이 있다.

떼를 지어 날아다니는 새들이 나뭇가지에 앉을 때 서로간에 일정 거리를 둔다. 날아오를 때 서로 날개가 부딪치지 않기 위해서다. 사람 사이에도 상대가 타인, 친구, 가족 누구냐에 따라 서로의 존엄성을 위한 최적의 대인거리가 다르다.

서로 너무 멀지도 너무 가까워 얽히지도 않는 불가근 불가원(不可近 不可遠) 적정거리에 대한 지혜를 생각해본다.

사람과 산은 멀리서 보는 게 낫다.

15) 인간관계는 겨울밤 고슴도치다

인간관계는 겨울밤 고슴도치다. 서로 떨어져 있으면 외롭고 추워서 죽는다. 외롭고 추워서 가까이 가면 서로의 가시에 찔린다. 서로 간에 최적의 거리가 예의이다. 서로 상대를 존중하는 태두인 예의를 배워야 한다.

우리는 밖에서는 그런대로 예의를 잘 지킨다. 그러다가 집에 들어서 신발을 벗으면서 예의도 같이 벗어 던진다. 가족 사이에도 예의가 필요하다.

16) 상대에게 어느 정도 호의를 베풀어야 하나

호의를 베푸는 일은 어려운 일이 아니다. 그러나 무작정 베푸는 호의는 약속어음을 건네는 것처럼 상대에게 기대감을 주기도 한다.

잘못 베풀어진 호의는 적의보다 못할 수 있다. 자격없는 자가 호의를 받으면 상대의 의무로 오해한다.

신비로운 파트너에 매료돼 불꽃이 튀는 연애관계처럼, 브랜드의 생명력 유지에는 '신비스러움'이 중요하다.

너무 빨리 변하는 소비자를 따라가자면 힘이 부치고, 잘되는 것 같아 내버려 두면 소비자는 언제 그랬느냐는 듯 등을 돌린다. 그렇다고 대중에게 너무 가까이 다가가면 '싸구려 브랜드'로 낙인 찍혀 고급 이미지가 손상되기도 한다.

17) 소통에 대한 명언 모음

① 믿음을 얻은 연후에 간(諫)하라. 믿음을 얻지 못하면 비방한다고 한다.

- 공자

② 적을 사랑하라. 그들은 너의 결점을 말해 주기 때문이다.

- 벤자민 프랭클린

③ 유인자능호인능오인(唯仁者能好人能惡人)

어진 사람만이 능히 사람을 좋아할 수도 미워할 수도 있다는 의미다. 마음의 기저에 상대를 포용하고 용인하는 마음이라야 열린 마음으로 거리낌 없이 상대의 과오를 지적할 수 있고, 격려성 채찍을 들어도 반감을 일으키지 않는다.

④ 타인의 행동 변화를 이끌어 내는 데에는 3가지 방법이 있다. 첫째도 본보기, 둘째도 본보기, 셋째도 본보기가 되어야 한다.

⑤ 신뢰가 없이는 일을 도모할 수 없다.

직면한 일에 대한 것이든 사람에 대한 것이든 늘 상황은 애매모호하고 불확실한 경우가 많고, 이로 인해 오해가 생기고 관계의 위기를 맞을 수 있다.

이런 이해하기 힘든 상황에서 빛을 발하는 것이 사람 사이의 신뢰다. 이런 신뢰가 있을 때 불필요한 오해, 갈등, 대립에서 오는 시간과 에너지의 낭비 없이 일을 무난히 이끌어주는 힘이다.

3. 협상

1) 닻내리기 효과

협상에서 처음 제시된 숫자를 기준으로 삼는 효과를 닻내리기 효과(anchoring effect)라 한다. 그렇다고 처음부터 터무니 없는 가격을 제시하면 신뢰에 손상을 주기 때문에 피해야 한다.

그렇다고 처음부터 합리적으로 가장 적절한 가격을 제시하면 협상 상대방은 뭔가 손해봤다는 생각이 들 수 있다. 따라서 제시된 조건이나 가격은 협상을 통해 조정될 수 있는 여지를 남겨 두는 것이 낫다.

상대방이 먼저 순순히 내주는 것과 내가 요구해서 받은 것은 그 가치와 만족감이 다르다.

웨스턴 유니온이라 회사에서 에디슨에게 그의 발명품을 사겠다며 가격을 물었다. 얼마를 받아야 할지 몰라 며칠을 고민하다 부인이 10만 달러를 받자고 욕심을 냈다. 다시 연락이 오자 에디슨은 터무니 없이 높은 가격을 말할 만한 용기가 나지 않아 머뭇거렸다. 그러자 회사 회사담당자는 '저~ 100만 달러면 어떨까요?'라고 조심스레 말을 꺼냈다.

2) 비싸게 굴기

겉으로 관심 없는 척 비싸게 굴어 상대가 더 자신을 원하게 만드는 방식은 지속적인 교제를 원하는 여성에게는 먹혀 든다. 그러나 잠시 즐기려는 상대에게는 먹히지 않는 수법이다.

진지한 교제를 원하는 여성은 너무 헤프지도 너무 비싸지도 않게 구는 남성을 선호하고, 남성은 아주 비싸게 구는 여성을 선호한다.

시장에서 가격은 수요와 공급이 균형을 이루는 수준에서 결정 되듯이 이성도 관심이 너무 헤프면 가치가 떨어진다.

상대방이 자기를 어떻게 평가하고 있는지 궁금해하는 기분이 없어지면 인간관계가 신선미를 잃고 타성에 빠진다.

청하기 전에 내밀면 상대의 기대수준이 높아져 주고도 욕먹는 경우가 있다. 거저 주어지는 것과 내가 원해서 받는 것은 그 가치와 만족감이 다르다.

쉽게 갖지 못하는 것의 가치는 올라간다. 럭셔리 제품 구매에서 기다려야 하는 '취득의 장애'도 그 한 예이다.
'수입차는 비싸야 잘 팔린다'는 고가 마케팅 법칙이 한국 시장에서 통용되고 있다.

3) 미국 대학들의 명품 고가전략

대학에도 명품 고가전략이 통한다. 지난 2000년 미국 펜실베니아주 어시너스 대학은 입학 지원자가 줄자 이후 수업료를 인상했는데, 첫해 지원자기 200명 이상 늘었고, 인상 이후 4년간 1학년 신입생 인원(454명)이 35% 늘었다.

어너시스 대학의 고가전략이 먹히자, 이후 미국 내 많은 대학들이 신입생 확보방안으로 수업료 인상에 나섰다.

한 설문조사에 의하면, 미국 대학생들은 보조금 없이 수업료가 2만달러인 대학과, 수업료는 3만 달러지만 각종 혜택을 통해 1만달러는 받을 수 있는 대학 중, 후자를 더 선호하는 것으로 나타났다. 대학들이 명성유지를 위해 수업료는 올리되 각종 혜택으로 되돌려주는 방식을 쓴다고 한다.

4) 경쟁을 붙여야 몸값이 올라간다

영국 프로축구팀인 플럼이 윤석영에게 입단테스를 제의했다. 윤석영은 올림픽 축구경기에서 한국이 동메달을 따는데 큰 기여를 했고 이로 인해 국제무대에서 인지도가 높아져 해외팀들의 관심을 받고 있는 터였다. 정식 입단제의가 아닌 단지 기량확인을 위한 테스트 제의여서 이를 거절했는데, 상황을 주목하고 있던 박지성이 속한 QPR이 정식입단제의를 했고 메디컬 테스트를 위해 런던으로 향했다. 정식입단 결정이 입박한 것이다.

그러자 몸이 단 플럼도 정식입단 제의를 해왔다. 현재 플럼은 EPL에서 안정적인 순위를 유지하고 있고, QPR은 2부 리그로 강등될 위기에 처했기 때문에 윤석영은 자신의 축구인생이 걸린 일생일대의 기회 앞에서 고민이 많았다. 결국 그는 처음부터 제대로 된 제의를 한 QPR에 대한 신의를 지키기 위해 플럼 대신 QPR로 최종 진로를 결정했다.

구단간에 경쟁이 붙으니 선수의 몸값이 올라간 것이다.

화날 때 ⑤ 분 멘토

제 5 장
삶에 성찰을
주는 심리학

1. 왜 마음공부를 해야 하는가?

관계는 마음의 일이다. 그 관계 안에서 상호작용을 통해 세상을 경험하고 의미를 만나면서 마음이 자라는 것이다. 이렇듯 정신적 나이는 진정한 관계 속에서 성장하며 먹어가는 것인데 그렇지 못하면 내 나이가 40, 50살이 되어도 내 안에 한 살 아이처럼 또는 사춘기 아이처럼 미성숙 상태로 머물러 있을 수 있다. "무의식을 의식으로 전환시키지 않으면 무의식이 당신의 인생을 지배할 것이다"라고 심리학자 칼 구스타프 융은 말했다.

우리는 어릴 때 없는 듯이 조용히 살지만 다 큰 우리 내면에 분노로 가득 찬 외롭고 두려운 아이가 있기도 한다. 이러한 미성숙 상태에서 오는 낮은 자기존중감으로 인해 누가 조그만 무시해도 발끈하며 진노발작하기도 하거나, 하고 싶은 게 아무 것도 없는 의욕상실증에 빠져 무기력해지기도 한다.

명문대 출신 어느 엘리트 직장인은 풍만하고 멋진 여자 가슴 포르노 사진을 수북하게 모아서 서랍에 보관하고, 자신이 원하는 특정 넥타이를 내놓지 않으면 물같이 아내에게 화를 내 다툼이 잦다고 한다. 이 사람은 어린 시절 성장할 때 부모가 싸우면 의자가 날아다닐 정도로 심한 부부싸움이 잦았다고 한다. 모든 행동에는 이같이 성장과정에 형성된 무의식이 도사리고 있다.

이러한 내면의 억압 감정은 자녀들에게 쏟아지기도 한다. 칼 구스타프 융은 '아이의 어깨 위에 부모의 체험의 짐이 얹어져 있다'고 했다.

이렇게 내 무의식에 나도 모르는 내가 있고, 그 무의식에 길이 있다.

이런 상태라도 현재의 신체적 나이에 맞게 정서적 공감을 제공하며 감성을 채워주면 멈췄던 내면의 성장이 다시 진행되어 정서적으로 성숙해진다. 병든 사람이라도 좋은 환경과 좋은 음식으로 살다 보면 점차 치유가 되듯이, 마음의 병도 좋은 환경 좋은 관계 속에서 제대로 소통하고 공감을 받으면 자연적으로 치유된다. 몸이 아파 물리치료를 받던 사람이 상담을 통해 의미를 찾으면서 낫게 되는 경우가 있다. 힘든 나에 대해 스스로 공감하며 외부와 소통이 되고 의미를 찾으면서 증세가 치유된 것이다.

그 의미를 찾기 위한 실마리를 제공하기 위해 이 책을 권
한다.

시간이 되면 아름다운 나비로
변하는 애벌레 어디에 아름다운
나비의 날개가 보이는가?

사람은 누구나 자신의 마음 안에
치유의 힘과 성장을 위한 방향성이
존재해 있다.

2. 조사해보면 다 나와

　사람이 얼마나 스트레스를 받는지 혹은 성적인 상상은 얼마나 하는지 측정이 가능할까?

　케냐에 사는 개코원숭이는 인간과 유전자가 거의 같고 사회구조도 피라미드식 계층형태로 인간과 흡사하다. 프린스턴대 연구진이 9년간 이 개코원숭이를 조사했다. 수컷 125마리가 남긴 배설물을 분석해 스트레스 호르몬과 성호르몬 수치를 조사했다.

　스트레스호르몬 수치는 우두머리 수컷에서 가장 높게 나왔다. 이는 "중간관리자는 고민이 있어도 술 마시고 잠을 자지만, 사장은 아무리 많은 술을 마셔도 그 고민 때문에 잠을 못 잔다."는 세간의 말을 입증한다. CEO를 제외하고는 이인자에서 말단으로 갈수록 스트레스호르몬 수치가 높아지는데, 밑바닥 서열일수록 먹이를 구하느라 가장 많은 스트레스를 받는 것으로 추정된다.

성호르모 수치는 우두머리 수컷이 1위였고, 서열이 낮을수록 성호르몬도 적게 분비되었다.

이처럼 사람은 생각의 흔적을 지울 수 없다. 생각과 행위는 어떤 형태로든 내 몸과 주위에 흔적을 남긴다. 세대를 건너 후손에게까지 이 업은 미친다.

사이코메트리는 사람의 소지품이나 현장을 보고 그와 관련된 사람에 대한 정보를 읽어내는 심리학 용어인데 범죄수사에서도 이용되고 있다. 미국 남북전쟁 시절 유명한 지질학자인 덴튼 교수의 누이는 어떤 지질학적 견본을 만지는 것만으로도 그와 관련된 과거역사를 시각적 영상으로 볼 수 있었다는 기록도 있다. 회사에서 직원의 기색(氣色)만 살피고도 그 직원의 하루 근태를 짐작할 수 있는 것도 같은 맥락이다.

충북도립대 조동욱 교수의 '망진이론' 연구도 눈길을 끈다. 성충동을 자극하는 음란 동영상물을 자주 보는 미혼 남성은 인체의 간(肝) 기능이 손상될 수 있다 한다. 야동을 보고난 후 미혼 남성들의 얼굴을 첨단 IT기술로 분석한 결과 이 같은 결론을 얻었다. 피부색은 인체 오장의 상태를 반영하는데 이 변화를 관찰한 것이다. 목소리 분석을 통해 성적 자극의 정도도 분석했는데, 목소리 성대 떨림의 상승은 몸의 긴장을 높여주는 아드레날린 호르몬과 도파민, 테스토스테론 호르몬 등이 분비돼 성대 근육 수축과 떨림 현상이 높았다는 의미다.

"조사해보면 다 나와!"라는 우스갯소리가 생각난다.

3. 인간은 얼마나 합리적인가?

　'인간은 이성적인 노력으로 최대한 똑똑한 결정을 내린다'가 주류경제학의 대전제이다. 이에 비해 '인간은 주관에 휘둘려 충동적이며, 집단적으로 똑같이 행동해 자기 과신과 편향에 빠진다. 자신이 보는 대로 그리고 때로는 남들이 하는 대로 따라 결정하는 존재이다'가 행동경제학의 창시자 대니얼 카너먼의 결론이다.

　'인간은 합리적인 이성이 아니라 감정의 영향으로 위험을 회피하기 위해 비합리적인 의사결정을 한다'는 그의 '전망이론(Prospect theory)'은 세계적인 행동경제학 열풍을 낳았다.

　이러한 이론을 바탕으로 주식시장의 거품, 기업의 독단적인 결정, 돈에 눈먼 금융회사의 행태 등을 집중 공격했다. 개인은 물론 집단도 비상식적인 판단·결정으로 몰락할 수 있다는 것이다.

QWERTY 식으로 배열된 자판은 1873년 발명되었는데, 기계식 수동타자기의 기술적 난점을 해결하기 위한 배열이었지만 속도면에서 가장 비효율적인 기술이다. 전동식 타자기가 개발되면서 더 효율적인 자판 도입이 시도되었지만 실패하였다. 이미 사회적 표준이 되어 밀어낼 수 없었다.

마찬가지로 가솔린내연기관은 전기차에 비해, 경수냉각원자로는 중수로 및 가스냉각원자로에 비해 효율이나 안전성 등의 측면에서 열등했지만 초기 경쟁하던 특별한 상황적 요인에 의해서 채택되어 표준으로 자리잡았다.

문명의 초기 신비주의 영역이 과학에 의해 적나라하게 드러나고 인간의 의식과 이성이 높아졌지만 종교적 도그마가 여전히 인간의 정신을 지배하는 것도 같은 맥락으로 설명될 수 있다.

이러한 정지관성이야말로 인간의 집단적 비이성적 행위를 가장 잘 설명하는 개념이다.

4. 자율의 폭과 성취도

부여되는 자율이 커져 선택의 폭이 늘어날수록 인간은 합리적인 최적점을 도출해 성취와 만족감을 극대화할까?

학기 첫날 학생들에게 3편의 페이퍼 제출 과제를 부여했다.

- A그룹에는 ①번 페이퍼는 4주차에 제출, ②번 페이퍼는 8주차, ③번 페이퍼는 12주차 제출로 못박고 지연제출 시는 감점.
- B그룹은 ①~③번 페이퍼별로 자율적으로 제출일을 정해 이행하겠다는 서약서를 작성케 함. 한꺼번에든 나누어서든 제출 방식은 전적으로 학생이 선택하되, 지연제출 시는 약간의 감점부여 가능.
- C그룹은 학기 마지막 날 이전에만 제출하면 된다며 완전 자유 부여.

그 결과, 평균학점이 A, B, C그룹 순으로 높았다.

행복감의 순서도 A, B, C그룹 순으로 높았다. A그룹은 선택의 여지없이 일방적인 지시만 있었지만 과제가 밀리지 않아 학생의 행복감이 가장 높았다. 가장 폭넓은 자율이 부여된 C그룹은 막판에 몰아치기를 하느라 고생해서 행복감이 가장 낮았다.

학생들은 전체적인 조망과 먼 미래를 보는 안목으로 합리적 선택을 하리라는 기대와 달리, 나중으로 미루기라는 현재의 달콤함과 몰아치기라는 미래의 큰 고통을 제대로 비교하고 행동으로 옮기는데 실패한 것이다. 이러한 합리성에서 이탈은 우리 삶에서 지속적이고 누적적이다.

> 선택의 가지 수가 많아질수록 선택은 힘들어지고 미련은 커진다. 쇼핑을 오래 할 수록, 선을 많이 볼 수록 선택한 결과에 대한 불만이 크다는 거다. 장고 끝에 악수란 그런 의미이기도 하다.
>
> - 법무법인 더펌 대표변호사 정철승

5. 메모의 유익함

생각을 글로 옮기면 의식의 활동영역인 전두엽의 부하가 감소하여 새로운 정보를 처리할 여유공간이 생긴다. Windows 환경에서 많은 프로그램을 열고 다중작업을 하다가 불필요한 프로그램 몇 개를 내리면 CPU 점유율이 낮아져 데이터 처리 속도가 향상되는 것과 같은 이치다.

1) 그러니 메모하는 습관으로 여러 가지 생각으로 인한 산란한 마음을 다스려라.

2) 생각을 차분히 적어보는 것은 시험이나 중요한 회의를 앞두고 중압감으로 인한 긴장을 누그러뜨리는 효과도 있다. 전두엽의 가용자원이 다가 올 상황에 고착되어 불필요하게 점유되어 발생하는 과부하를 방지한다.

은행에 손님이 몰리면 번호표를 주듯이 생각이 넘칠 때 메모로서 문제를 무의식에 대기시켜라는 것이다.

가끔 서버가 다운되었다는 말을 듣는데, 컴퓨터는 접속증가로 정보처리량이 늘어나면 차례대로 대기시켰다가 처리하는 것이 아니라 그냥 나가떨어진다.

사람도 충격 세게 받으면 정신을 잃는데, 메모 혹은 글쓰기를 통해 그런 과부하 상태를 벗어나라는 것이다.

6. 완벽주의자를 위한 충고

모든 것을 빈틈없이 짜맞춰야 직성이
풀리는 유형의 사람은 귀담아 들여야
할 게 있다.

자연에서 수많은 반딧불이가 운무를 이루며 조화롭듯이, 스케이트장에 가면 그 많은 사람이 엉겨서 움직여도 큰 사고 없이 무난한 움직임이 유지된다.

이러한 원리에 착안해서, 네덜란드의 드라크텐에서 신호등, 도로표시판, 차선을 제거하자 운전자들은 '우측통행자 우선'이라는 원칙에만 의존해야 했는데, 교통사고가 완전히 사라졌다.

상황을 대처하는 우리의 잠재능력은 도전이 클수록 대처하는 힘도 커져 이처럼 인위적 시스템보다 우리 인간의 생체시스템이 우월하다. 시스템도 없이 멋대로 엉성해 보이는 기업이 의외로 잘 나가는 경우도 같은 맥락으로 볼 수 있으니, 인위적 관리가

능사가 아니다 라는 교훈을 얻을 수 있다.

도시의 문제아가 자연을 벗하는 교육환경으로 옮긴 후 올바른 성장의 방향성을 회복했다거나, 불치의 병에 걸린 사람이 자연에 귀의해 치유된 경우 등의 사례는 자연이 갖는 위로와 치유기능에 대해 시사하는 바가 크다. 우리가 성장하던 어린시절 자연의 품이 그런 것이다

7. 사회적 정체성과 개인 정체성

두 얼굴의 사나이 지킬 박사와 하이드처럼, 직장에서는 매너 있고 침착하던 사람이 집에서 쉽게 화내고 큰소리 치는 경우가 드물지 않다.

사회생활에서 나타나는 모습은 사회적 정체성으로서, 사회 속에서 타인과의 관계를 통해 형성되는데, 사회적으로 주어진 환경에서 상호작용을 통해 기대역할을 해야 하는 데서 나타나는 타율적인 정체성이다.

이에 비해 자라면서 가족이나 가까운 환경 안에서 사적으로 자연스럽게 만들어지는 것이 사회적 정체성으로 자율적인 모습을 띤다.

이 두 측면의 정체성이 간극을 좁히고 적절히 조화를 이뤄야 성숙된 인격이 되는 것이다.

8. 대도 조세형이 개과천선했다고 하면 서 도둑질을 반복한다

조세형이 개과천선 했다고 하면서 다시 남의 물건을 훔쳤다는 소식을 미디어에서 보도한 적이 있다. 그 버 릇은 모성의 결핍으로 인한 것이기  때문에 주위의 기대와 본인의 의지만으로 고쳐지는 것이 아니 다. 그렇게 해서 절대 고칠 수 없다.

그가 훔치는 것은 남의 물건이 아니라 상실했던 모성을 훔 치는 것이기 때문에 무의식이 치유되고 해소되기 전에는 고 칠 수 없다.

고질적인 흡연, 알코올중독의 이면에도 해소되지 않은 무의식 의 문제가 도사리고 있다.

명문대 출신의 어느 엘리트 직장인이 풍만하고 멋진 여자가

습 포르노 사진을 수북하게 모아서 서랍에 보관하고, 집에서는 자신이 원하는 특정 넥타이를 내놓지 않으면 불같이 아내에게 화를 내 다툼이 잦다고 한다. 이 사람은 어린시절 성장할 때 부모가 싸우면 의자가 날아다닐 정도로 시끄럽게 심한 부부싸움이 잦았다고 한다. 모든 행동에는 이같이 성장과정에 형성된 무의식이 도사리고 있는 것이다.

9. 심리치료자의 덕목

① 공감적인 이해
② 무조건적인 수용
③ 진실성

Carl Rogers라는 저명한 심리치료자가 어떤 심리치료가 효능이 있는지 연구한 결과 위의 세가지를 갖추고 있는 치료자의 심리치료가 효능이 있다는 것을 밝혀냈다.

더불어 사는 우리의 삶에서 누구나 심리치료자의 역할이 필요한 때가 있다.

10. 오이디푸스 콤플렉스

1) 오이디푸스 신화

테베의 왕은 아내와 사이에서 태어날 아들에 의해 죽임을 당하고 그 아들이 아내와 결혼하게 된다는 델포이의 신탁을 받고 아들이 태어나자 신하를 시켜 죽여라 명령했다. 그러나 신하는 아이를 불쌍히 여겨 살려준다.

이웃나라에서 장성한 아들 오이디푸스는 테베에 이르는 좁은 길에서 한 노인을 만나 사소한 시비 끝에 그를 죽였는데, 그 노인이 자신의 부친임을 몰랐다. 당시 테베에는 스핑크스라는 괴물이 나타나 수수께끼를 내어 풀지 못하는 사람을 잡아먹었는데, 여왕은 이 괴물을 죽이는 자에게 왕위는 물론 자신과 결혼할 수 있다고 약속했다.

오이디푸스는 수수께끼를 풀어 스핑크스를 죽인 후 왕위에 올랐으며, 모친인 줄도 모르고 왕비를 아내로 맞이하였다. 이러한 비극을 뒤늦게 알게 된 오이디푸스는 자신의 눈을 찔러 스스로 장님이 되어 나라를 떠났다.

프로이드는 이 오이디푸스 신화에 근거해, 유아기의 남자아이가 어머니를 사랑하면서 아버지를 라이벌로 생각하여 배척하는 감정을 가지게 된다는 가설인 오이디푸스 콤플렉스라 했다.

2) 프로이드와 오이디푸스 콤플렉스

41세의 아빠는 21세의 엄마와 결혼해 프로이드를 낳았는데, 인자하지만 노쇠한 아버지와 젊고 아름다운 어머니 사이에서 프로이드가 느낀 당혹감, 그리고 엄마의 사랑을 두고 경쟁해야 하는 동생들의 탄생에서 느낀 불안이 그가 훗날 오이디푸스 콤플렉스를 비롯한 정신분석의 중요한 배경이 되었다.

오이디푸스 콤플렉스에 아들은 거세욕구라는 것이 있는데, 동성의 부모에게 질투를 느끼며 관계를 제거하고 싶어 하는 가족내의 엄마 아빠 아들(혹은 딸)의 삼각관계를 의미한다. 이 콤플렉스는 아버지가 부부관계에서 제대로 역할을 했을 때 아들(혹은 딸)이 동성의 부모와 동일화함으로써 극복된다.

그런데 부부사이가 나쁘면 아이가 무기가 된다. 엄마와 아이가 밀착되어 아빠가 왕따가 되고, 아이는 오이디푸스 콤플렉스에 고착되어 정서발달이 안 된다. 아빠와도 좋은 관계를 유지함으로써 아빠를 향해 동일시가 되어야 하는데 엄마와 밀착되면 아들은 아빠가 없어졌으면 하는 마음이 들게 된다. 딸일 경우는 아빠가 딸을 더 사랑하게 되어 엄마와 삼각관계를 형성한다.

아이의 상담에는 오이디푸스 콤플렉스 하의 삼각관계를 중요하게 다뤄야 하기 때문에 부모가 함께 오는 게 바람직하다. 오이디푸스 콤플렉스는 피부병으로도 나타난다. 미국에서 피부병 치료에 심리치료도 병행하는 이유다. 사춘기의 많은 신체 증상들이 이러한 심인성에 기인할 수 있다.

11. 심리학 단문 모음

① 전두엽과 성격

뇌의 앞부분에 있는 전두엽은 사람의 성격을 좌우한다. 이 전두엽의 신경세포들이 손상될 경우 성격이 급변해 전혀 다른 사람처럼 행동할 수 있다.

1848년 미국의 철도공사장에서 일하던 노무자가 사고로 인해 철봉이 그의 머리 전두엽을 관통했고 이로 인해 믿음직스럽고 성실했던 그가 180도 돌변해 포악하고 일에 전혀 관심을 보이지 않았다.

사람이 살아가면서 체험이나 수양 혹은 노화로 인해 뇌의 특정 영역이 미세하게 변화된다면 행동의 변화가 있으리라 유추해 볼 수 있다.

② 저장강박 장애

연세대 의대 안석균 교수에 의하면, 오래된 장난감, 신문지, 영수증, 쓸모없는 티켓 등 사소한 잡동사니를 버리지 못하고 무한

정 모으는 버릇은 뇌의 특정 부분이 제 기능을 하지 못해서라고 한다.

③ **반사회적 인격장애**(사이코패스) 성향이 높은 사람들은 냄새를 맡는 능력과, 서로 다른 냄새를 구분하는 능력이 모두 떨어진다고 호주 맥쿼리 대학의 메멧 마무트와 리처드 스틴븐슨이 그의 연구에서 밝혔다.

④ **동생이 생기면 혈압 오른다**
동생이 있는 아이가 혈압이 더 높다고 한다. 부모의 관심을 두고 경쟁을 해야 하기 때문이다. 혈압의 영향은 나이가 들어가며 줄어 든다니, 철이 들면서 상황에 적응한다는 의미다.

⑤ **아무리 난동을 부리는 흉악범**이라도 엄마나 자식을 연상시키는 말로 감성을 건드려 말문을 트면 대개 부드러워진다.

제 6 장
삶의 지혜

1. 삶의 지혜 19가지

66 지옥으로 가는 길은 선의(善意)로 포장되어 있다.

지혜가 결핍된 선의가 그런 불행을 낳는다. 99

아래 내용은 세계적 명성의 자기계발서 50
권의 주요 주제이다.

(1) 늘 마음에 새길 성공의 제1원칙, 익숙해지기까지 일정 시
간 지루함을 받아들이고 버텨라. 비행기도 이륙에 가장
많은 힘이 필요하다. 그 고비를 넘기면 안정적으로 지속할
수 있다.

(2) 인터넷이 가장 큰 적이다. 시간낭비를 피하려면 이메일은
하루에 가장 바쁜 시간대에 두 번만 확인한다. 페이스북,
포탈 서핑 등 잡다한 정보로부터 벗어나지 못하면 자리만
달구느라 시간 다 보낸다.

(3) '이번 한 번만'과 같은 도덕규범에 반하는 충동에 절대 굴

복하지 않는다.

(4) 수 분내에 처리 가능한 일이라면 미루지 말고 즉시 처리한다.

(5) 책상 위의 불필요한 물건들을 치워라.

(6) '완벽한 기회를 기다리지 말고 현재의 여건에서 행동하라. 의자를 박차고 행동하는 자가 세상을 바꾼다.

(7) 주어진 옵션이 적으면 선택이 쉬워진다.

(8) 상대방에게 무언가를 해달라고 요청하기 전에 먼저 기분이 어떠냐고 물어라. 그에게 기분 나쁜 일이 있을 때는 적당한 기회가 아니다.

(9) 원하는 것 이상을 부탁하라. 거절하면 그 다음에 진짜 원하는 것을 부탁하라.

(10) 도움이 필요하면 상대의 자비로움보다는 그가 얻게 될 이익의 관점에서 어필하라.

(11) 불안감이 들 때는 '뇌 때문이야'라고 말하라.

(12) 기대치를 조금 낮추는 연습을 하라.

(13) 중요한 시험과 같은 긴장된 도전적 상황을 앞두었을 때, 닥친 감정을 잔잔히 써서 나열해보라. 마음이 차분하게 진정되는 효과가 있다.

(14) 하루 전체를 '예스의 날'로 정하라. 이날은 하루 종일 모든 것에 '예스'라고 대답한다.

(15) 가장 단순한 일, 가령 샤워, 식사 같은 일을 할 때는 오로지 그 일에만 집중하라. 설거지를 할 때는 각각의 그릇들을 사색의 대상으로 여겨라. 그리고 호흡의 리듬에 집중하라. 중요하게 닥친 일은 그 다음이다.

(16) 하루 종일 유념상태를 유지하라. 목욕을 하거나 잡다한 일을 하거나 심지어 말할 때에도 내가 무엇을 하고 있는지 생각의 향방을 주시한다.

(17) 사람들은 생각보다 당신에게 그다지 관심이 없다. 세상이 자기 자신을 중심으로 배열되어 움직인다고 여기는 그들에게 당신은 그저 태양계의 변두리 행성일 뿐이다. 그러니 남을 의식하거나 행동을 주저하지 마라.

(18) 흥겨운 동요를 흥얼거려라. 어느 장수노인은 잠자기 전 동요 20곡을 부른다고 한다.

(19) 얼룩말이 궤양에 걸리지 않는 이유는 사자가 진짜로 나타날 때까지 사자 생각을 하지 않기 때문이다. 미래에 닥칠지도 모르는 부정적 상황을 예측하는 것은 우리 신체에 스트레스를 야기해 신체 면역력을 감소시키는데, 그런 염려가 높은 강도로 지속되면 몸을 상하게 할 수 있다.

미래에 대한 희망, 긍정적 전망으로 매순간 즐거운 마음을 갖자.

2. 人(사람 인)은 두 사람이 서로 기대는 모양이다

1) "혼자 있는 것 보다는 말동무가 필요하다. 언제나 내 편이 되어주는 존재가 큰 힘이 될 수 있다"

- 전 메이저리거 KIA 서재응이 LA다저스 류현진에게

2) "혼자 사는 사람이 우울증에 걸릴 확률이 80% 높다" 남성은 〈사회적 지지〉의 결여가 여성은 열악한 주거환경이 우울증의 주요 요인이다. 함께 살면 감정적 및 사회적으로 지지를 받고 소속감도 느낄 수 있어 정신건강 유지에 좋다. 혼자 살면 고립감과 함께 〈사회적 신뢰도〉나 소속감이 떨어지기 때문에 우울증이 쉽게 올 수 있다.

- 핀란드 노동위생 연구소

3. 햇볕정책

사람이 잘못을 저지르면 스스로 자책하는 마음이 생기게 마련이다. 이 때 몰아세우면 '아, 이것으로 됐어'라고 떨쳐버리고 미안한 마음조차 사라진다. 자기보호를 위해 단단한 껍질이 형성된다.

사람 마음이 어떻게 항시 자애롭고 넉넉할 수만 있겠는가. 속상하고 화날 때도 있다. 그렇다고 그 감정을 다 고스란히 상대에게 표현하고 살 수는 없다. 때론 상대가 모나도 다독거리고, 알아도 모른 척 속아주기도 하고, 미워도 칭찬 해줘야 한다. 이렇게 앵무새의 공감을 앞에 두고 본심은 뒤에 둬야 할 때도 있다.

그래서 상대가 수용적 분위기로 진입했을 때 의식하지 않게 제한을 가하는 방식을 취해야 한다.

칭찬은 고래도 춤추게 한다고, 사람은 감동을 받으면 오뚝이처럼 스스로 일어나 변한다.

1) **해와 바람이** 누가 힘이 더 센지를 놓고 다투기 시작했다.

바람 : 내가 바람을 세게 날리면 사람들이 추워서 벌벌 떨잖아.

해 : 내가 따뜻하게 사람들을 비추니 행복하잖아.

나그네의 옷을 벗기는 쪽이 이기는 걸로 내기를 했다. 먼저 바람이 차갑게 몰아치자 나그네는 옷깃을 여미었다. 화가 난 바람은 더 세게 몰아치자 나그네는 가방에서 외투를 꺼내 입었다.

해의 차례가 되어, 나그네의 머리 위에서 환한 햇살을 비추었다. 그제서야 나그네는 외투를 벗었다.

나그네는 냇가로 가서 옷을 벗고 목욕을 했다.

2) 산골 어느 절에 밤도둑이 들었다. 뒤주에서 몰래 쌀을 퍼내 지게에 지고 일어나려던 도둑은 굶주림으로 힘에 겨워 일어나지를 못했다. 이 때 밤잠이 없어 산책하던 스님이 살며시 다가가 뒤를 밀어주며 '아무 소리 말고 지고 가게나' 했다. 이후 이 밤손님은 그 절의 독실한 신자가 되었다.

3) 처음 들어선 가게에서 주인이 '포도가 3,000원입니다. 처음 온 손님이니 2,500원만 주세요'라고 하면 가게주인의 호의에 손님은 지갑을 더 열고 싶은 마음이 든다. 그 호의에 답을 하고 싶어지는 것이 인지상정이다. 그 효과로 다음에 그 가게를 다시 찾게 된다.

어색한 분위기를 녹이려고 말보를 트는 것을 영어로 Break the ice라 한다. 조그만 호의로 가게주인은 처음 온 손님의 마음을 녹인 것이다.

4. 관점의 차이

1) 하느님은 누구의 기도를 들어줄까

길다가 호랑이를 만난 토끼가 사력을 다해 도망가며 하느님께 간절히 기도한다. "제발~ 이 불쌍한 짐승의 목숨을 살려주세요."

몇 끼를 굶어 힘이 빠진 호랑이도 사력을 다해 토끼를 쫓으며 간절히 기도한다. "부디 저에게 일용할 양식을 주세요."

제로섬, 하느님은 누구의 기도를 들여줄까?

안방에 가면 시어머니 말이 옳고 부엌에 가면 며느리 말이 옳다는 속담처럼, 같은 사안이라도 누구 입장에서 보느냐에 따라 의견이 달라진다. 역지사지(易地思之), **상대방의 처지에서 생각해볼 일이다.**

2) 갑과 을 생각의 차이

아~ 그냥 의례적인 인사치레였어…

난 그런 줄도 모르고 괜히 상상하고 기대했잖아…

아~ 그런 깊은 뜻이 있었어…

그런 줄 모르고 그냥 지나쳤잖아…

사람 사이의 소통, 쉬운 일이 아니다.

소통, 참 중요하죠!

다리뼈가 부러진 총각에게 의사가 당분간 계단을 이용하지 말라고 했는데, 그 건물에는 엘리베이터가 없어 기브스를 풀 때까지 죽을 고생을 다해 벽을 타고 다니느라 고생했다고 하죠… ^^

3) 개인이익과 집단이익의 충돌

신호등이 없는 교차로에서 모든 차들이 앞다퉈 빨리 가려고 몰리면 정체로 길이 막혀 모두가 늦어진다.

개인 차원에서는 합리적인 최선의 선택이었지만, 전체 집단 차원에서는 가장 비합리적인 결과를 초래했다.

4) 착시현상

높은 난간에 서 있으면 먼 거리를 훌쩍 뛰어 넘을 것 같은 착각을 하게 된다.

우리가 남의 일을 볼 때도 그런 착시현상이 일어난다. 남의 하는 일이 어설퍼 보이고 허물을 들추게 된다.

내가 무슨 일을 하면 크게 성공을 거둘 거 같다.

5) 보고 싶은 대로만 보는 인간

캠릿브지대학의 연결구과에 따르면, 한 단어 안에서 글자가 어떤 순서로 배되열어 있는가 하것는은 중요하지 않고, 첫째번와 마지막 글자가 올바른 위치에 있것는이 중하요다고 한다. 나머지 글들자은 완전히 엉진망창의 순서로 되어 있지을라도 당신은 아무 문없제이 이것을 읽을 수 있다. 왜하냐면 인간의 두뇌는 모든 글자를 하나하나 읽것는이 아니라 단어 하나를 전체로 인하식기 때이문다.

다 읽으셨습니까? 그럼 다시 한번 한자 한자 또박 또박 읽어보세요. 순간 놀라실겁니다.

미운 놈 하는 짓 예뻐 보이는 법 없고,
예쁜 놈 하는 짓 미운 법 없다.

6) 믿고 싶은 대로 사실을 왜곡하는 인간

사람들에게 코카콜라와 펩시콜라를 동시에 시음을 하게 했다. 그 결과 코카콜라를 선택한 사람의 숫자가 압도적으로 많았다. 코카콜라를 선택한 사람은 그 맛이 부드럽고 훨씬 향기롭다고 구체적인 이유까지 댔다.

이번에는 코카콜라 만으로 시음을 하게 했다. 현재 시판 중인 보통 콜라와 곧 출시될 프리미엄 제품으로 나눠 동시 시음을 하게 했다. 그 결과 프리미엄 제품이 마시기 편하고 먹고 나니 더 개운했다고 그럴듯한 이유까지 언급했다.

그런데 사실은 위에서 시음한 콜라는 모두 현재 판매 중인 동일한 콜라였다. 같은 콜라에 대해 각각의 느낌이 다른 이유는 뭘까?

뇌는 기존에 가지고 있는 고정관념을 더 신뢰하고, 사실이 이미 가지고 있는 생각과 다를 때는 사실을 왜곡해 해석 한다. 코카콜라가 펩시콜라보다 더 지명도가 있고 좋다는 기존 믿음, 그리고 보통의 콜라보다 프리미엄 제품이 가격이 비싸니 더 좋을 거라는 생각이 맛을 다르게 느끼게 한 것이다.

이렇게 사람은 믿음과 사실이 다를 경우 사실을 그럴 듯하게 왜곡하는 경향을 가진다. 일본의 역사적인 역사왜곡이 그러한 한 예이다.

명품은 화학약품 냄새 퀴퀴한 동남아 허름한 생산공장에서 20~30만원 월급받는 후진국 여공들의 손으로 만들어진다. 어떤 브랜드를 다느냐에 따라 사람들이 부여하는 스토리가 달라진다.

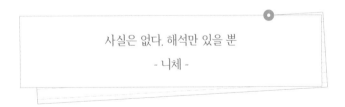

사실은 없다. 해석만 있을 뿐

- 니체 -

7) 사람 사이의 오해

노년의 A씨는 경기도에서 서울로 출퇴근을 하는데, 시외버스 기사 중 한 젊은 기사가 평소에 퉁명스럽게 대해 불만이 쌓였다.

어느날 잔돈이 없어 만원짜리를 냈는데 그 기사는 짜증을 내며 거스름돈도 주지 않았고, 그렇지 않아도 평소 불만이 쌓였던 터라 A씨는 그 기사를 신고했다. 그 기사의 불친절이 개선되어야 한다고 여겼기 때문이다.

그런데 신고접수담당자의 말을 들어보니 그 젊은 버스기사도 평소에 A씨가 자기 인사를 제대로 받아주지 않아서 A씨에게 불만을 쌓아두고 있었다.

A씨는 먼 거리를 통근하면서 시외버스 속에서 부족한 수면을 보충하느라 경황이 없다보니 활짝 웃으며 인사를 받을 마음의 여유가 없어 그 기사의 인사에도 무심했고 그로 인해 젊은 기사의 자존심이 상한 것이다.

우리가 바쁘게 살다보면 본의 아니게 주위에 무심하고 소통이 없다보면 그것이 오해를 낳아 누군가에게 상처를 주게 된다.

8) 가지기준

공정성, 형평성, 투명성 등을 나누는 잣대는 무엇일까?

내가 그 대상에 포함되느냐, 안되느냐가 기준인 사람이 있다. 내가 하면 로맨스, 남이 하면 불륜이라고 한다. 이러니 세상이 시끄럽지 않을 수가 없다.

기득권을 가진 자의 입장은 밥그릇을 빼앗기지 않으려고 으르렁거리는 개와 같다. 막무가내 식으로 보이지만 그들 입장에서는 나름 논리가 있다.

젖먹이 들은 다음과 같은 경우에 '내꺼'라고 여기는데, 다른 사람이 이 법칙을 어기면 화를 낸다고 한다:

① 내가 좋아하는 물건은 내꺼다.

② 내 손안에 있는 것은 내꺼다.

③ 네 손에서 내 손으로 넘어왔으면 내꺼다.

④ 내가 방금 전에 갖고 논 물건은 내꺼다.

⑤ 일단 내꺼가 되면, 그건 절대 네 것이 될 수 없다.

⑥ 내가 뭔가 하고 있거나 만들고 있으면, 그에 필요한 모든 거는 내꺼다.

⑦ 내꺼와 비슷하게 생긴 물건은 죄다 내꺼다.

⑧ 내가 맨 처음 발견했으면 내꺼다.

⑨ 네가 갖고 놀다가 내려놓은 것은 자동적으로 내꺼가 된다.

⑩ 내꺼가 망가지면, 그때부터 네꺼다.

이렇게 생각하고 사는 어른들도 많다. 그럼 여러분은?

9) 비관주의와 낙관주의

대머리인 두 사람이 세수를 하고 있었다.

비관주의자 : 우리는 씻어야 할 얼굴이 너무 넓어요.

낙관주의자 : 역시 대머리는 좋아요. 굳이 빗질할 필요가 없
잖소.

10) 선입견

가장 위생적이어야 할 행주는 변기시트보다 세균 숫자가 2만
배가 넘는다고 한다. 집안에서 변기시트가 가장 더럽다고 여기
겠지만 더 더러운 곳이 집안 곳곳에 산재해 있다. 매일 침 튀기
며 사용하는 전화기? 더럽기가 상상불허…

변기시트는 더럽다는 인식 때문에 자주 닦아서 청결이 유지
되지만 음식물을 다루는 도마는 상대적으로 깨끗하다는 편견
때문에 관리가 소홀하다 한다.

우리는 보고 싶은 것만 보려는 선입견으로 사람을 판단할 때 직업이니 학벌이니 출신이니 등등으로 구분 하기 때문에 실체를 제대로 보지 못한다.

11) 세상에 독불장군은 없다

삼인행필유아사(三人行必有我師 : 세 사람이 같이 길을 가면 반드시 그 중에 나의 스승이 있다.)

나보다 못한 사람이 나에게 영감을 주고 더 나은 통찰을 보이는 경우도 있다? 왜 그것이 가능할까? 나는 나만의 프레임이 있고 그 틀 안에 관점이 갇히기 때문에 내 틀 밖에 있는 사람이 새로운 관점을 제시할 수 있고, 그런 관점과 내가 상호작용하면서 시너지 효과를 내고 사고의 지평을 넓히며 돌파구를 찾게 된다. 인류문명도 그런 식으로 서로 이질적인 관점이 결합해 꽃피운다.

우리의 사고는 언어로 변환되고 내가 표현한 언어는 더 정교한 사고로 진화한다. 그 언어를 끌어내주는 것이 상대방이다. 세상에 독불장군은 없다.

5. 사랑의 생체주기

사랑의 유통기간은 6~18개월이지 않을까? 어떤 짝이냐에 따라 전개 되는 사랑의 강도도 다를 것이다. 불 같은 사랑은 빨리 진척이 되니 유통기간도 짧을 것이다. 느릿한 짝의 경우에는 유통기간이 길어질 것이다.

일평생 서로 뜨겁게 설레는 사랑을 한다면 뇌는 피로해서 다른 일을 제대로 해내지 못할 것이다. 서로의 사랑이 식어가는 것은 이러한 생존본능 때문이리라.

첫 만남 이후 사랑이 진행되는 동안 절정도 있을 것이고 포화점을 지나 서로 설렘이 사라져 담담해질 때까지 각 단계에서 겪은 감정은 고유하고 두 번 다시 반복되지 않는다.

로미오와 줄리엣처럼 사랑의 벽이 가로막히며 외부적 요인으로 진행이 평탄치 않으년 사랑의 강도도 더 격렬해지며 포화점에 도달하는데 오래 걸려 사랑의 사이클이 길어진다.

미완성의 첫사랑 혹은 짝사랑은 익혀지고 무뎌진 상태가 아니라면 일시적으로 진행이 정지된 상태이니 조건이 갖춰지면 다시 전개될 수 있다.

사랑을 하는 중에 혹은 사랑이 시들해질 무렵에 다른 더 매력적인 대상이 나타나면 사랑은 그 대상에게 옮아갈 수도 있다. '사랑은 움직이는 거야'라는 말이 있듯이.

혹시 어린 날 이루지 못한 첫사랑, 짝사랑을 그리워한다면 잊어라. 그 사랑은 별것 아니다. 그 사랑 역시 사이클이 있고 종료점이 있는 흔한 하나의 사랑일 뿐이다. 그 사랑은 현재의 다른 사랑으로 대체가 가능한 것이다. 그래도 식지 않는 미련이 있다면 그것은 집착일 뿐이다. 사랑은 우리 마음의 열정이 외부 특정 대상으로 인해 나타나는 것이다. 이미 우리 안에 존재하던 내재적 감정이 일깨워진 것일 뿐이다. 사랑은 내 가슴에 존재하는 감정이다.

이러한 사랑의 생성, 전개, 포화점, 종료까지를 〈사랑의 생체주기〉라 해볼까. 이 사랑의 생체주기에 따라 분비되는 호르몬의 종류나 농도도 각각 다르다. 이러한 호르몬의 상태가 고유한 감정을 형성하는 것이다. 사랑이 종점에 이르면 어떤 사람은 그 사랑을 떠나 조용히 추억으로 간직하고 싶어한다. 혹은 미련을 간직하며 매달리는 사람이 있을 것이다. 혹은 애로스적 상태를 업그레이드시켜 책임과 의무를 다하는 성숙한 정(情)의 파트너쉽을 유지한다.

남자는 왜 바람을 피우는가? 사랑의 싸이클이 끝난 남자는 다른 대상에서 또 다른 사랑의 충동을 느끼기 때문이다. 인간과 유전자가 거의 같고 사회구조도 피라미드식 계층형태로 인간과 흡사한 개코원숭이 배설물 에서 성호르몬 수치를 조사했더니 우두머리일수록 수치가 높다고 한다. 그렇다면 사람도 멀쩡한 남자일수록 그런 성적 욕구가 강할 것이다.

사랑, 알고 보면 생리적 현상일 뿐이다. 사랑은 다시 피어난다. 그러니 아파하지 말아라. 질투하지 말아라.

6. 감정은 지금만 유일하다

인간관계에서 느끼는 감정이란 그 어떤 순간도 똑같은 것이 없다. 관계는 전개되며 성장 하고 그 순간순간의 감정은 지금만 유일하다.

사람 사이의 관계도 생명체의 탄생과 성장 그리고 정착처럼 전개의 단계가 있다. 그 과정에서 겪는 감정은 두 번 다시 오지 않는다. 그 순간의 느낌은 유일하다. 다음의 느낌은 다르다. 지나간 감정을 다시 그 자리에서 가서 느낄 수 없다.

아이가 덩치가 커져 어른이 되면 다시 아이로 돌아갈 수 없듯이 감정은 진화하는 유기체이다.

부부지간이든 친구관계든 직장 동료 사이의 관계든 감정은 모두 그런 변화의 단계를 겪는다.

관계가 제대로 방향을 찾도록 시작부터 전개까지 매순간 살필 일이다.

7. 경중을 판단하는 균형감각

'고장이 나지 않는 한 굳이 고치려고 하지 말라'는 속담이 있다. 문제의 경중을 따져 사소한 거는 멀리 볼 수 있는 대범함이 필요하다. 합리적인 사람이라면 '더 큰 고기를 잡기 위해 물러나 기다릴 줄 알아야 한다.

작은 뗏목에 의지해 천천히 떠내려갈 때는 흐름에 맡겨 두고 가끔 장대로 충돌이나 차단하는 게 낫다. 여러 도전 과제를 동시에 부딪친 상황에서 조급한 마음에 빨리 벗어나려고 좌충우돌 빠른 길을 서둘러서는 안되고 주변 상황을 관망하며 묵묵히 노를 저를 일이다.

상대를 압도하는 유리한 상황이라도 상대를 모욕주거나 너무 몰아가지 않고 숨을 고르는 지혜가 필요하다.

8. 나이 먹어가는 자신을 바로 알아야

프로게이머는 10대에 절정기가 온다. 20대가 되면 벌써 감각이 10대만 못하다. 바둑에서는 20대에 절정기가 온다. 운동 선수도 10대, 20대에 절정기에 이른다.

인간의 순발력, 기억력, 창의력은 나이가 먹어가며 떨어지기 때문에 새로운 거에 대한 학습이 더뎌 변화에 대한 거부반응이 생긴다. 젊은이 경박함만 탓하기 쉽다. 그러면서 젊은 세대에게 불통으로 비춰진다.

그러니 나이 먹어갈수록 자신의 부족함에 대해 살피고 이를 보완할 배움에 더 분발해야 한다. 나이 먹으면 경험에서 오는 원숙함으로 이해력, 문제해결능력이 제고 되어 좋은 점도 있으니 부족함에 대한 자각을 잊지 않으면 젊음이 할 수 없는 나름의 경쟁력이 있을 것이다.

9. 색즉시공 공즉시색(色卽是空空卽是色)

시골 출신 중년이라면 자랄 때 길거리에서 개들이 사랑 나누느라 붙어있는 것을 흔하게 봤으리라. 개들이 언어가 있어서 그런 것을 지식으로 전달했을 리 없다. 그런데도 본능적으로 안다.

V자로 하늘을 나는 기러기 무리의 비행형태는 물체를 위로 띄우는 양력을 발생시켜 기러기 무리가 힘을 덜 들이고 날수 있게 한다. 덕분에 기러기는 원래 거리의 2배 가까이 더 날 수 있다고 한다. 뒤따르는 기러기의 울음소리는 앞에서 힘들게 이끄는 기러기에 대한 응원의 소리라 한다. 이 길잡이 기러기가 지치면 V자 대열로 들어오고 뒤따르는 기러기가 그 자리를 대신한다. 자연의 섭리는 이렇게 생명체 안에 깃든다.

동물도 이러한데 하물며 인간이야 말할 나위가 없다. 물론 아주 예외적인 경우도 있다. 중국에서 어느 부부가 결혼하고도 3년간이나 아이가 없어 산부인과를 찾아 상담했는데, 놀랍게 그 부부는 서서 손만 잡아도 임신이 되는 줄 알고 손만 잡고 잤다고 한다.

우주에 존재하는 모든 대상은 관념으로 전환된다. 대상이 관념으로 전환되는 그 깨달음의 과정은 큰 스님의 오랜 수도 중 한 순간에 오는 깨달음일 수도 있고, 아니면 많은 세속의 경험 끝에 오는 경우도 있다. 혹은 위의 개에 대한 언급처럼 저절로 알아지는 경우도 있다. 그 깨달음의 과정이라는 거가 오감을 통해 오는 경우도 있고 오감이상의 육감 그리고 그 이상의 불가지 능력을 통해 올 수도 있다. 그러니 인류 역사상 축적된 지식 문명을 들여다보면 우주라는 관념이 인간의 사상 속에 그 신비한 모습을 들어냈음을 알 수 있다.

초원지대에 사는 몽고인들은 평균시력이 5.0이고 7.0인 사람도 있다고 한다. 십 리 밖에서 밥 지을 때 나오는 증기를 볼 수 있다고 한다. 문명이 진화하면서 자연에서 유리되면서 그러한 선천적 능력이 퇴화한다.

같은 맥락으로 우리의 마음에 서양과학지식이 가득 찰수록 혹은 잡다한 지식으로 가득 메워질수록 육감 이상의 정신적 힘을 통해 볼 수 있는 우주의 원리는 멀어진다. 정신적 힘은 문명의 진전과 더불어 퇴화된다. 우주와 인간이 교감하는 능력이 사라지는 것이다.

존재와 관념은 서로 경계를 넘나든다. 있는 것이 없는 것이고,

없는 것이 있는 것이다. 술과 계집질을 일삼은 스님과 뭇사람의 존경을 받으며 수도에 증진한 스님이 있었는데, 열반 후 사리를 수습해봤더니 전자는 영롱한 사리가 가득했고 후자는 사리수습을 못했다고 한다. 깨달음은 형식에서 오는 것이 아니라 비울 수 있는 큰 그릇에서 오는 것이다.

지식으로 머리를 가득 채우면 마음이 막혀 제대로 보지 못한다. 다 비우고 자연속에 녹아들어야 비로소 보이는 것이다. 과거의 동양 사상이 위대한 이유이다. 달나라에 사람을 보내고 광대한 우주를 보는 시대지만, 현대에 깨달음이 사라지고 정신적으로 위대한 성인도 나오지 않는 이유이다.

우주가 관념으로 전환되지 못하는 것이다. 우주가 인간의 정신영역에서 모습을 드러낼 연결점이 끊어진 것이다.

5볼트 건전지 백만 개를 직렬로 연결하면 5백만 볼트지만 병렬로 연결하면 여전히 5볼트에 불과하다. 프레임과 도그마에 갇힌 엘리트가 이와 같다. 무수한 미시적 데이터의 바다에 빠지면 아무리 지식이 많은들 지식을 나열한 백과사전에 불과하니 통찰과 지혜를 기대하기 어렵다.

10. 주역 (周易)

이 책은 인간의 운명을 점치는 점복술의(占卜術) 원전(原典)과도 같다. 역(易)은 양(陽)과 음(陰)의 기운(氣運)이 변화하는 현상을 말한다. 그 변하는 것은 일정한 항구불변의 법칙을 따라서 변하기 때문에 법칙 그 자체는 영원히 변하지 않는다.

우주의 천문지리를 살피고 만물의 변화를 고찰하며 이 원칙을 인간사에 적용시켜 비교·연구하면서 풀이한 것이 역이다. 즉, 처음 8괘(八卦)를 만들고 이것을 변형하여 64괘로 확대하고 거기에 다시 내용이 추가되어 정리된 경문(經文)이 주역이다.

이와 같이 주역에 대한 정의를 소개한 것은 인간의 삶의 양상, 전개되는 원리 그리고 길흉사가 주역에서 설명하고 있는 원리와 맞아떨어지기 때문이다. 주역으로 〈인간사를 포함해 모든 우주만물의 생성과 소멸을 설명하고 예상〉할 수 있다.

내 나이가 50대가 되니 이전에 믿지 않고 느끼지 못했던 세상의 이치가 많이 보이고, 그것을 깊이 성찰하다보면 동양고전, 특히 주역에 눈길이 간다. 선인들의 그 오묘한 성찰에 감탄할 뿐이다.

주역을 기준점으로 놓고 보면 철학, 심리학, 그리고 요즘 유행하는 힐링에 대한 지식은 그저 걸음마 수준의 성찰에 불과하다는 생각이 든다. 과학은 불가지해의 우주에서 티끌 하나에 불과하다.

11. 언어는 현실을 창조한다

당돌하게 자기주장을 하면 처음에는
싫어하겠지만 시간이 지나면 태도를 누그러뜨려 현실을 인정하
고 변하는 것이 사람의 심리이다.

한국의 전통적 시어머니상에서 부정적 측면이 성격장애이다. 미
성숙의 특징 중 하나는 니것 내것을 구분 못하는 것이다. 아들이
장가가도 며느리의 남자가 아니라 여전히 내 아들이다. 이 시어머
니가 남편에게 사랑 받지 못하니 더 아들에게 매달리는 것이다. 이
런 시어머니에게 울고 불며 목숨 걸고 인정받으려 매달리는 며느리
는 답답한 사람이다. 시어머니가 남편에게 사랑 받지 못하니 아이
처럼 이러는 거구나 이해하고 잘해줘야 하는데 쉬운 일이 아니다.

홀어머니가 아들 뒷바라지를 열심히 한 덕분에 아들은 대학 졸
업 후 대기업에 다니고 영어교사와 결혼했다. 며느리는 학창시절
부터 조용하고 얌전하며 말 잘 듣는 학생이었다. 이 어머니는 니
것 내것에 대한 구분이 희박해 아무 때나 아들 내외의 방문을 활
짝 열고 드나드는 것이었다. 급기야 아들 내외가 부부관계를 할

때 문을 여는 일이 벌어졌다. 며느리는 쇼크로 병이 생겨 입원을 했다. 불안신경증으로 잠을 이루지 못하다가 응급실로 실려간 것이다. 병원에서 이 며느리가 꿈을 꿨다. 시골 툇마루를 딛고 방으로 늙은 개가 들어오는데 하얀 털이 빠지고 흉측한 모습으로 보기 싫었다. 그래서 작대기로 때리려 하니 도망가는데 개의 몸이 시어머니 얼굴로 나타났다. 현실의 체험이 꿈으로 분출된 것이다.

이 며느리가 시어머니에게 '노(no)'라는 표현을 못하고 이성으로 감정을 억압하니 마음의 병이 깊어진 것이다. 며느리는 마음속 불평을 남편에게 얘기를 하든지, 불안하니 문고리를 달자는 등의 자기 주장이 있어야 했다. 시어머니가 못 배우고 무식해 니 것 내것을 구분 못하니 남편이 중간 역할을 제대로 해야 하는데 그런 역할을 하지 못했다.

언어는 현실을 창조한다. 며느리는 시어머니가 못마땅하고 싫을 때 시어머니에게 '힘들어요' 라고 표현해야 시어머니 행동이 변할 텐데 말을 못해서 현실이 무너진 것이다. 시어머니는 며느리가 당돌하게 요구를 하면 처음에는 싫어하겠지만 자신 때문에 며느리가 힘들면 미안해지는 것이 인지상정이기 때문에 시간이 가면 누그러뜨려지며 변하는 것이다.

12. 사람이 빵만으로 사는 것이 아니다

　사람에게서 정자를 분리한 후, 그 사람에게 전기자극을 가하면 정자에게도 충격반응이 측정된다고 한다. 엄마는 집을 찾아오는 아들의 발자국 소리를 천리 밖에서도 느낀다고도 한다. 누군가의 시선을 느낄 때 주위를 보면 나를 쳐다보는 시선을 만난다. 미국에 거주하는 사람이 전화를 통해 한국 거주자에게 기치료를 행하는 사례도 있다.

　이는 인간의 의식이 하나의 집단적인 유기체를 이루며
　시공을 초월해 서로 기운을 주고 받는다는 의미이다. 우리가 선함을 행해 타인의 축복을 받고, 악한 자를 포용해 저주를 예방해야 한다는 의미이기 하다.

　사람뿐 아니라 생명있는 모든 것은 이와 같이 생명의 기운을 주고 받을 수 있고, 그것이 성장에 영향을 준다.

　식물이 병 없이 잘 자라게 하려면 아끼고 예뻐해 주는 게 무엇보다 중요하다. 식물도 예뻐 해주면 병치레가 그친다. 병든 식물에게 '아이고, 예뻐라. 어쩜 이렇게 예쁘니' 라는 말만 자주 들려줘도 그 말을 알아듣는 듯 하다. 식물클리닉센터에서 아픈 식물을 치료하는 사람의 체험담이다.

화단의 국화도 정성을 들여 열심히 가꾸고 돌보면 훨씬 싱그럽게 피고 늦가을 추위에 견디는 힘도 강해 거의 한 달을 더 견딘다고 한다.

양파도 칭찬 받아야 쑥쑥 큰다. 어느 군부대에서 12월 2일부터 각 내부반별로 한 쌍의 양파를 똑 같은 장소에 놓고 병영  생활에서 칭찬과 폭언, 사랑과 미움이 생물 성장에 미치는 영향을 관찰한 결과 장병들의 사랑과 칭찬을 받는 양파는 뿌리를 빨리 내리고 풍성하게 성장한 반면 폭언을 들은 양파는 덜 자라거나 가늘고 심지어 구불어지는 생육상태를 보였다.

나무들도 사람의 말에 귀를 기울이고, 행운과 건강을 가져다 주기도 한다고 한다. 소설가 박완서씨가 어릴 적 그가 아끼던 나무를 지나칠 때마다 소곤대며 반가이 맞아주었다. 나무는 그 보납인 듯이 황홀한 개화를 신사했고, 이렇게 해서 식물에 밀을 거는 재미를 알게 되었다고 한다. 그는 나무뿐 아니라 작은 일년초한테도 말을 건넸다. 물 주는 걸 잊어 축 늘어진 걸 보면 미안해하고, 비 맞고 쓰러지면 일으켜 세워 흙을 돋워 주면서 바로서 있어야 한다고 소근거리고, 옮겨 심을 때는 여기서 낯가리지 말고 적응해야 한다고 말을 건네면 곧 그대로 되었다.

말은 마음의 표현이고 그래서 말에 영혼이 깃든다고 한다. 우리들의 이웃과 자녀들에게 따듯함이 깃든 마음을 담아 칭찬하자. 분노로 퍼붓는 말은 나를 먼저 파괴한다. 그리고 어린 영혼에게도 상흔을 남겨 다음 세대로 전달된다. 생물학적 유전과 다를 바 없는 기억의 세대 전달이다. 심리학자 칼 구스타프 융은 '아이의 어깨 위에 부모의 체험의 짐이 얹어져 있다'고 했다.

미국 고아원에서 90%의 아이가 사망하고 10%만 생존한 사건이 일어났다.

각계 전문가로 조사팀이 구성되어 면밀히 조사했지만 어떤 부정이나 잘못도 발견되지 않았다.

한 가지 특이한 점은 유아실 문에서 가장 먼 안쪽의 아이들은 모두 생존한 것이었다. 한정된 숫자의 간호원들이 배고픈 많은 아이에게 우유를 먹이다 보면 문쪽에서 먹이기 시작할 때는 조급해서 정신없이 부산하게 먹이게 되고, 맨 마지막 순서가 되는 방 안쪽의 애들에게는 간호원들이 안도감에 여유를 가지고 아이들에게 '배고팠지' 하며 눈을 맞추고 마음을 주며 먹이게 된다. '애들이 젖만 먹지 뭐 아나'가 아니다. '사람이 빵만으로 사는 것이 아니다'는 말처럼 영아에게는 사랑이 필요한 것이다.

13. 허술한 미완성의 인간 세상이
꿈을 주는 이유

모든 자연현상이나 유기체의 생화학적 작용은 빈틈없는 논리와 인과법칙에 의해 존재하는데 우리 인류문명이 존재하는 방식은 엉성하고 빈틈이 많다. 이러한 점은 일시적인 것이 아니라 예나 지금이나 미래나 항상 그러하다.

우리가 사는 이 인간세상의 미완성과 허술함이 열정과 통찰력 그리고 집중력이 있는 사람에게는 성공의 기회를 부여한다. 그래서 꿈이 있는 사람에게는 세상이 살만한 곳인가 보다.

"어떤 돌도 꽃잎처럼 물 위에 뜰 수는 없다. 대신 배를 만들면 수십 톤의 돌을 실을 수 있다."

14. 세상에서 가장 소중한 한 마디는 '기다림' 이다

삶은 긴호흡이다. 〈토끼와 거북이〉 우화는 우리 삶에도 그대로 적용된다. 재능있는 사람은 기다릴 줄 아는 사람을 이기지 못한다. 천천히 가도 기다리며 가는 사람이 결국 먼저 목적지에 닿는다.

추운 겨울 앙상한 얼음꽃에 덮인 겨울나무처럼 우리 인생도 때론 견디기 힘든 고비가 있다. 하는 일이 벅찰 때가 있다. 일상의 시간 중 힘든 때가 있다. 그 고비와 고비를 이어주는 것이 성공과 행복의 관건이다. 조급함은 스스로 망치는 자해행위다. 스스로 포기 하지 않고 기다리면 봄은 어김없이 찾아온다.

봄을 기다리는 겨울나무의 기다림,
생존을 위한 최고의 미덕! 자연에서
배운다.

15. 높이 나는 연을 팽팽히 당기는 연줄처럼

연이 역풍에 높이 솟구치듯이, 사람도 역경의 담금질을 거쳐야 강해진다.

비난, 불친절 같은 부정적 외부자극은 지구의 중력처럼 불가피한 삶의 부산물이니, 중력처럼 무심히 지나칠 일이다.

높이 나는 연을 팽팽히 당기는 연줄처럼 매순간의 일상도 자기자신과 싸워 이겨야 한다.

16. 인간의 소명

어떤 직업을 가졌는가는 중요하지 않다. 삶 속에 펼쳐진 길을 묵묵히 따라가면 그 길이 바로 인간적임의 본분을 다하는 순명의 길이다.

우리에게 이미 주어져 있는 것을 밑천 삼아 최선을 다하는 존재가 우리의 할 일이다.

30억개의 인간게놈 염기서열 중에 몇 개 다르다고 사람의 대우가 달라지지만 그것으로 인간의 본질적 가치마저 차별화하지는 못한다. 그 차이로 위대함에 이르는 깨달음의 문이 더 넓어지지는 않는다.

물질적인 허영과 구태의연한 명예란 뜬 구름과 같다. 가질 수 없는 것을 갈망하는 고통을 버려라.

삶의 크고 작은 시련 속에서도 평범하게 살 수 있다는 것은 건강한 사람이다.

경쟁과 세속적 성취의 맥락으로 규정하는 불행한 사회적 자아의 추구보다 나 본연의 정체성과 내면에 집중하는 소박한 삶이 더 큰 행복이다. 남을 앞서려 말고 나 자신을 앞서자.

17. 개인은 집단의 진행성에 얹혀간다

역사는 집단의 진행성에 의해 좌우된다. 개인은 그 흐름에 얹혀가는 것일 뿐이다.

사람이 모여 사회를 이루지만, 어느 시점에 이르면 사람의 통제를 거부하고 스스로 진화하고 대중을 통제하는 무소불이의 유기체로 군림한다. 오늘날과 같은 사회구조에서 한 개인이 사회상의 전개과정을 바꿀만한 슈퍼맨 역할을 할 수 없다. EU와 미국이 소용돌이치고 세계가 몸살을 앓고 있지만 어떤 대단한 개인도 집단의 진행성을 되돌릴 수 없다. 인류문명의 끝이 낙관적이지 못한 이유이다.

그룹 타아라가 베트남 하노이 공항에 밤 9시 40분께 도착하자 많은 감격에 오열하는 팬들로 북새통을 이루며 공항이 마비지경이었다. 격정이 끓는 오늘날의 젊은 베트남 세대들에게 타아라는 감정분출을 촉발하는 하나의 계기였을 뿐이다. 타아라로 인해 그들의 가슴에 없던 격정이 생겨난 것이 아니다.

안철수 현상은 본인이 만든 것이 아니라 사회상의 전개과정에서 분출되는 하나의 현상이고 그 중심점이 우연히 안철수로 향했을 뿐이다. 그는 전체 국면을 제대로 읽고 그 물꼬를 잘 터주었을 뿐이다.

봄이 오면 제비가 찾아오는 것이지, 제비 한 마리가 찾아와 봄이 오는 것이 아니듯이 개인은 그 사회적 분위기의 거대한 흐름에 얹혀가는 것이다. 개인은 집단 속에서 정의되고 의미를 갖는 것이기에 개인이 집단의 진행성을 거스르고 독자성을 갖기란 거의 불가능하다. 한번 사회의 방향성이 정해지면 그 때부터는 집단의 힘이 개인을 지배 한다.

모든 유기체는 탄생과 성장 그리고 쇠퇴를 거치며 결국 소멸하는데, 지구도 유기체처럼 그런 사이클을 거치고 있다. 산업화·도시화로 인한 팽창과 크고 작은 집단간 분쟁으로 인류는 소멸할 수 있다. 인간은 문명으로 인해 지구 전체의 생명체를 위협하는 무서운 존재다.

18. 사람은 자기가 원하는 것을 자발적으로 선택하며 살아야 한다

　여자가 50대가 되면 자녀들도 다 크고 집안의 구속에서 해방된다. 배운 여자든 못 배운 여자든, 여자 나이 50살 언저리에 이르면 외로움을 버터 낼 의미를 상실한다. 그래서 잘 대해주고 정들면 아무하고나 친구가 되는 것이다.

　성호르몬의 영향으로 남자는 여성화 되고 여자는 거칠고 대담해지는 영향도 있어서겠지만, 그 만큼 살았으니 세상 알 것 다 알고 해서 의식이 이 전과는 다른 사람이 된다. 그래서 지금까지의 속박에 머물려 하지 않는다, 머물 필요를 느끼지 않는다. 참았던 세월에 대한 보상심리로 마음에 담아왔던 화를 분출한다. 가정의 힘의 역학구도 변화다.

　남자들이야 그 나이 될 때까지 해볼 것 다 해보고 할 짓 못할 짓 다 했을 텐데 무슨 자유 체험이랄 것이 없지만…

어느 50대 여인이 우울증이 있는데, 원인은 무의식에 있었다. 그는 시골 부잣집에서 태어났다. 초등학교를 마치고 중학교 갈 꿈에 부풀어 있는데 엄마는 '나중에 시집을 잘 보내줄 테니 나하고 집에 있자'고 해서 엄마를 실망시키고 싶지 않아 '싫어요' 말을 못하고 욕구를 누르며 진학을 포기했다.

그 여인은 결혼 후 아버지가 돌아가실 때는 장기가 꼬여 기절을 했고, 대한항공 폭파 때 딸을 잃었다. 이런 삶의 여정에서 내가 원하는 것을 선택하지 못하고 나답게 살지 못한 것 때문에 일시에 우울증이 찾아온 것이다.

사람은 내가 원하는 것을 자발적으로 선택하며 살아야 한다. 순응하는 사람들은 세상사람들이 다 그렇게 순응하고 사는 줄 안다.

19. 세상을 이해하는 19가지 지혜

❝ 자기답게 사는 거가 가장 자연스럽고 잘 사는 것이다. 이 글은 내 안의 나다움을 끌어내는 자양분 정도로 가볍게 읽고 지나갈 정도지 그대로 따라 해라는 의미가 아니다. 비오는 날의 우산 정도로 가볍게 읽기를 권한다. ❞

(1) 남에게 존경과 사람을 동시에 받기는 어렵다. 존경 받으려면 사랑받기를 기대하지 마라. 사랑받을 수 없다면 두려워하도록 만들어라. 위압감을 주고 싶지 않다는 소망은 존경심을 포기한다는 것과 동의어다.

(2) '예언자는 고향에서 존경받지 못한다'라는 말처럼 익숙한 것은 시시해 보인다. 그래서 사람과 산은 멀리서 보는 게 낫다. 하늘의 별은 우리보다 높고 멀리 떠있기 때문에 그 찬란함을 유지한다. 허물없는 사이가 되면 신비의 장막이 걷히고 그들과 다를 바 없는 나의 내면이 들여다보인다. '겨우 그 정도였어'라는 말이 결국 나오게 마련이다.

(3) 말하라 그러면 내가 너를 볼 수 있다!

신중한 침묵은 지혜다. 생각한 바를 남에게 드러내지 마라. 공개된 카드로 게임을 잘 하기 어렵다. 매사에 여백을 남겨 남이 나의 능력을 헤아릴 수 없게 하라. 사랑받고 싶다고 여자가 대낮에 속옷을 드러내지는 않는다. 지혜로운 미인은 안개 속에서 자신의 모습을 숨길 줄 안다. 탁월한 재능이라도 추측과 호기심이라는 베일에 싸일 때 더 크게 보인다. 앞으로 할 일을 남에게 떠벌릴 필요도 없고, 이미 말한 바를 다시 말할 필요도 없다. 남의 마음을 받아들이고 가르칠 때도 근본까지 드러내서는 안 된다.

(4) 매사에 처음부터 흡족하게 주는 것을 경계하라. 맛있게 먹이려면 양을 많이 주어서는 안 된다. 좋은 것이 짧으면 배로 좋다. 나쁜 것도 수량이 적으면 꼭 나쁘지만 않을 수 있다. 한꺼번에 다 드러내면 다음에는 아무도 그대에게 놀라지 않을 것이다.

(5) 로마의 시저는 자신의 신체적 결점을 월계관으로 장식할 줄 알았다. 사람들에게 자신의 결점을 함부로 거론하지 마라. 아무리 어려워도 하소연하지 마라. 위신만 떨어뜨릴

뿐이다. 다른 곳에서 당한 부당함을 호소하다 보면 이전 행
동을 닮으려는 동조심리로 인해 듣는 이에게마저 도움과
위안을 받기보다 칠칠치 못한 인상을 주기십상이다. 차라
리 내가 다른 이에게 받은 호의를 자랑하는 것이 상대에게
호의를 일으킨다. 다른 이에게 받은 감사를 거론해 내 앞의
상대도 그런 감사를 받고 싶어하는 마음이 들게 하라.

반면, 작은 결점이나 실수를 드러내면 친근감을 얻기도 한
다. 진정성 있게 드러나는 나의 결점은 때론 상대의 감성
을 자극하고 공감을 이끌어내 서로 말문이 트이고 일이
술술 풀리는 경우도 있다. 상대가 어떤 부류의 사람이냐,
어떤 상황이냐의 문제다.

(6) 매사에 자꾸 나서지 마라. 밀어붙이기 보다 끈질기게 기
다려라. 남이 진정으로 부를 때 나서야 환영받는다. 사람
들은 자신들이 노고를 들인 거를 소중히 여기니 그들이
나를 찾는 수고로움을 하도록 행동하라.

(7) 불필요한 변명을 늘어놓지 마라. 미리 이러쿵저러쿵 들이
밀지 마라. 잠자는 불신만 더 건드릴 수 있다. 남이 의심을

가지고 있다는 것조차 모르는 척 하는 것이 지혜롭다. 이런저런 변명보다 다음 기회에 제대로 행동해서 의심을 불식시키는 것이 더 현명하다.

(8) 지혜로운 사람은 자신을 이해하는 사람에게만 의견을 드러낸다. 남이 자신과 의견이 다르면 모욕으로 받아들이는 사람이 있기 때문이다.

(9) 진실은 쓴 약과 같으니 잘 다루어야 한다. 진실이 통하지 않을 사람에게는 침묵이 낫다.

(10) 지나친 농담을 삼가라. 농담인지조차 분간 못하는 심각한 사람도 있고, 기분에 따라 달리 받아들여 오해하기 쉽다. 특히 웃자고 한 거라도 부정적 언어로 구사된 농담은 숨겨진 선의의 의도를 못보고 견지지 못하는 사람이 있다. 농담이 헤프면 진지함이 결여되어 신뢰감을 주지 못한다. 경솔한 언행으로 애써 쌓은 품격을 한꺼번에 잃지 않도록 하라.

그러나 제대로 된 좋은 유머는 위기를 넘기게 하고 상대의 마음을 얻게 한다. 그렇더라도 지나친 농담으로 지혜와 품격을 내팽개치지 않도록 주의해야 한다.

(11) '사돈이 논 사면 배 아프다'는 말처럼 행운의 이웃집에는 증오가 살고 있다. 사람 됨됨이를 알기도 전에 자신보다 더 나은 사람에게 반감을 갖는 것을 경계하라.

(12) 어느 바다나 파도는 있게 마련이다. 분노없는 사람은 없다.

(13) 항상 적을 잘 다룰 줄 알아야 한다. 적의 칼날은 나의 급소를 알게 해준다. 지혜로운 자는 상대의 악의로도 강해진다. 너무 일찍 복수해서 적에게 화해의 문을 완전히 닫지는 마라. 적과 친구는 오늘과 내일일 수 있다.

(14) 불쾌한 상대에게 복수하기 보다 호의를 보여 모욕을 감사로 바꿔라.

(15) 남의 호의나 선물보다 나의 자유가 더 소중하다. 남에게 신세지는 것은 자칫 나의 입지를 구속할 수 있다.

(16) 그대를 바라보는 우주의 눈이 있다. 혼자 있을 때에 마음을 잘 살펴라.

(17) 남에게 비판을 돌릴 줄도 알아라. 자신에게 닥친 실패로부터 잠시 몸을 피하기 위해 불행한 결과의 뒤치다꺼리를 할 수 있는 사람을 곁에 둘 필요도 있다.

(18) 이 우주의 중심은 자기 자신이다. 자신의 성품보다 더 대단한 성품은 없고 자신의 취향보다 더 고상한 취향은 없다. 남이 나보다 잘나면 내가 못나서가 아니라 남이 과도한 것일 뿐이다. 이렇게 제 잘난 맛에 사니 세상이 시끄러운 것이다. 그래도 자신을 믿고 사랑하는 자신감은 좋은 것이다.

(19) 드러나게 스스로를 칭찬하는 자처럼 바보도 없다.

화날 때 ⑤ 분 멘토

제 7 장
교육

1. 배움에 대하여

> 66 배움의 고통을 참지 못하면 무식함의 고통을 겪으리라.
>
> - 탈무드 99

1) 독서백편의자연 (讀書百編義自見)

데이터 처리량이 많을 경우는 밤새 지키고 있을 필요 없이 일괄작업 명령설정을 하고 퇴근하면 밤새 컴퓨터가 작업을 하고, 아침 출근시간에 결과를 볼 수 있다. 같은 맥락으로, 우리가 어떤 문제에 직면할 때 우리 의식에 노출시킨 후 무의식에 맡기고 잊었다가, 일정 시간이 경과한 후 다시 보게 되면 해답이 쉽게 얻어진다. 포도주가 시간의 경과에 따라 발효되듯, 우리의 무의식도 입력된 정보를 가동시켜 학습이 진행된다.

그래서 옛말에 독서백편의자연
(모르는 것도 백 번을 읽으면 뜻이 저절로
깨우쳐진다)이라 하고, 영어속담에도

consult with a pillow(베개와 상의하다: 문제를 잠에 맡기다)가 있다.

문젯거리가 있으면 몰입 보다 일단 한번 보고 방치하라. 그리고 간격을 두며 나중에 들여다보기를 반복하라. 무의식에서 발효되는 동안 의식에서는 다른 유익한 활동을 할 수 있으니 시간을 이중으로 활용하는 격이다.

설단현상(기억이 안나 입에서 맴돌다 나중에 우연히 생각나는 현상)에서 보듯이, 모든 것은 단 한번으로 두뇌에 입력된다. 문제는 출력인데, 이는 간격을 둔 반복으로 해결된다.

2) 기본을 반복하라

대도무문이라고 한다. 한 분야에서 경지에 이른 사람은 깊은 깨달음으로 세상을 관조할 수 있다는 의미다. 말단의 표피 조각에서 전체 생명체를 복제하듯이 부분 속에 전체가 숨어있다.

대장장이가 오랜 풀무질과 담금질로 경지에 이르면 거기에서 우주의 섭리를 보고, 도인이 오랜 면벽으로 깨달음을 얻는 이치와 다를 바가 없다. 중요한 거는 늘 같은 거를 반복하는 것이다.

책상머리에 좋은 격언을 붙여두고 마음에 새긴 경험이 있을 것이다. 같은 문구라도 내 마음의 성장에 따라 느끼고 깨닫는 바가 매번 다르다.

같은 거라도 몇 달이 걸리든 늘 읽고 또 읽다 보면 매번 새로운 깨달음이 있다. 쉬운 것을 반복하는 것에 능률적이고 지속적인 학습의 비법이 있다.

이렇게 공부도 늘 기본을 반복하는 것이 요령이고, 언어학습도 쉬운 거를 거듭 보고 또 보고 하다 보면 어느 날 의미가 보이고 귀도 열린다. 더욱이 뭐든 즐기지 않으면 오래 지속하지 못하니 쉬운 기본을 반복하는 것은 마음의 저항도 덜하다. 영어, 불어를 하면서 내가 직접 효과를 체험했다.

뭐든 오래 지속하면 반드시 결실을 거두는 거가 자연의 섭리다. 어떤 야구선수는 훈련에 미쳐 꿈에서 수만 번을 배트를 휘두르는 꿈을 꾸고 나서 스윙에 눈을 떴다고 한다. 그 단순한 휘두름도 시간이 갈수록 그 단순함 안에 천만 변화가 숨어있고 드디어 임계점에 이르면 꽃이 피고 경지에 이른다.

수학이든, 영어든, 마음을 다스리는 책이든 아니면 업무든 기본을 히고 또 하고 거듭하면 그 분야에 눈이 트인다.

독일 프로축구 리그에서 뛰는 손흥민의 성공은 아버지인 손웅정(50) 아시아 축구아카데미 총감독이 만들어 낸 것이다. "흥민이가 나처럼 기술없는 선수가 되지 않기를 바라는 마음에 8살 때부터 16살 때까지 정식 경기에 안 내보냈다. 매일 6시간씩 오로지 기본기만 가르쳤다."고 말했다.

< 바둑의 창의적인 한 수 >

바둑에 남다른 재능을 보이는 자녀가 정상적인 과정을 건너뛰어 빨리 두각을 드러내기를 바라는 조급증 학부모들의 압박으로 인해 바둑도장 사범들은 승부의 묘수, 비기를 가르치는 데만 매달린다고 한다.

이렇게 빠른 성취를 요구받고 피말리는 승부와 경쟁만 하며 성장한 어린 기사들은 전문기사라면 누구나 그 정도의 묘수를 풀 수 있는 수준을 넘어서는 창의적인 한 수는 만들어내기 힘들다고 한다.

창의성이 드러나기 위해서는 자연스럽게 흥미를 느끼고 몰입되어 그 영역에서 스스로 음미하고 발효될 수 있는 시간이 필요하다. 이런 과정을 통해 바둑의 무한한 세계를 스스로 깨우치며 경지에 도달 하는 것이다.

3) 공부비법

전체적인 반복학습이 중요하다. 학교 가는 길을 하루에 백 번 오가며 보면 머리 속에 기억되는 양도 적지만 기억도 금새 사라진다. 그러나 하루에 한 번씩 백일 동안 다니면 사진처럼 저절로 기억이 들어선다.

일정 간격을 두고 반복하는 학습이 효과가 있는 이유는 일차 학습이 끝나도 무의식의 영역에서 학습이 진행되어 횟수가 진행될수록 저절로 심화학습이 되고 기억이 확고해진다.

① 책을 3단계로 나눠서 읽어라

먼저 목차를 보고 내용을 파악한다. 두 번째, 책의 마지막 장까지 단번에 읽되, 모르는 부분이 있어도 멈추지 않는다. 세 번째, 책을 느긋하게 꼼꼼히 읽는다.

이 방법이 효과적인 이유는 목차보기, 빠르게 읽기 과정에서 책의 주제별로 전체적인 조망이 들어오고, 선생학습의 효과로 무의식의 영역에서 학습이 저절로 촉진되기 때문이다. 세 번째 과정인 정독에서 자연스럽게 깊이 있는 학습이 가능하고 이해도가 높아져 암기가 수월해진다.

② 공부한 내용을 다른 사람에게 설명하라

다른 사람에게 설명하는 과정에서 저절로 심화학습이 진행되고 체계적으로 정리가 되어 기억이 오래간다. 이런 맥락의 스터디그룹도 좋은 방안이다.

③ 중요한 사항은 노트보다 책의 여백에 적어라

중요 내용을 별도 노트에 정리하기보다 책의 여백에 메모하는 것이 불필요한 내용의 학습중복을 피하고 전체적인 흐름을 파악하기가 용이하다.

별도 노트에 기록된 것을 보는 것은 다시 들여다봐야 할 때 차의 시동을 껐다가 다시 켜는 것처럼 시간의 낭비를 초래한다.

4) TV에서 프로골퍼 스윙을 보기만 해도 실력이 향상된다

캐나다의 웨스턴온타리오대학 연구자에 의하면, 단지 TV에서 프로선수들이 골프 스윙을 하거나 농구 슛하는 장면을 보는 것만으로도 관련 기량이 향상된다.

이는 행동을 통제하는 인간의 뇌 부위가 다른 사람들의 동작을 거울처럼 반영하기 때문이라 한다. 다른 사람이 하는 행동을 지켜보는 것만으로도 뇌가 그 동작을 연상할 수 있는 것이다.

동기화 현상

같은 벽에 걸린 다른 박자의 추시계, 제각기 깜빡이던 반딧불이, 공연장 청중의 엇갈린 박수소리. 하지만 어느 순간부터 제각각이던 박자들이 주기가 같아지는데 이것이 '동기화 현상'이다.

미국소설 〈큰바위 얼굴〉. 소년은 멀리 언덕에 새겨진 큰 바위 얼굴을 닮은 아이가 태어나 훌륭한 인물이 될 거라는 전설을 믿으며 자란다. 세월이 흘러 〈큰바위 얼굴〉이 된 자신을 발견한다.

맹자가 장의사 가게에 가까이 살았더니 장례 치르는 모습을 흉내내자, 맹자의 어머니는 이를 피해 시장근처로 이사를 갔더니 이번에는 매일 장사하는 모습을 흉내냈다. 이번에는 서당 근처로 이사를 갔더니 비로소 글을 가까이 하며 훌륭하게 성장했다는 일화가 맹모삼천지교(孟母三遷之敎)이다.

조직의 구성원은 리더에 동화되어 정렬되는 동기화 현상이 일어난다. 그래서 리더에 따라 일당백의 용사가 될 수도 있고, 혹은 백만대군도 오합지졸로 전락할 수 있다.

낮시간을 어떻게 보내느냐에 따라 밤에 잠잘 때 전개되는 무의식도 영향을 받는다. 수면 중에 전개되는 무의식은 다시 낮시간의 활동에 지배력을 갖는 식으로 순환고리를 이룬다. 이렇게 현실은 꿈으로 연결되고 다시 꿈은 현실로 이어진다. 현실의 연장이 꿈이고, 꿈의 연장이 현실이다. 현재의 몰입과 시간이 길수록 무의식은 활발히 학습을 진행하고 꿈에 그 주제 중심의 심화학습이 진행된다.

외국에 나가면 현실에 펼쳐지는 상황이 무의식의 학습활동을 촉진하고 꿈에서 현실에 근거한 활동이 연장되기 때문에 외국어를 빨리 배운다.

5) 나를 제약하고 통제하는 힘은 내 안의 믿음이다

육상에서 과학적으로 인간이 도저히 돌파할 수 있는 한계 기록이 있었는데, 어떤 사람이 그 기록을 돌파한 뒤로 많은 선수들이 그 기록을 돌파했다. 나를 제약하고 통제하는 것은 내 안의 믿음이다. 기도의 힘, 믿음이 기적을 만든다.

포로가 잠자는데, 아군이 전쟁에서 적을 무찌르고 언제 어느 날 수용소에서 자신이 풀려날 거라는 내용의 현몽을 꾸었다. 그는 그 말을 믿고 버티다가 결국 정확히 그 날 죽었다. 그런데 사실 그는 진작에 죽었어야 할 병에 걸렸는데 그의 믿음이 그를 그가 생각한 날짜까지 버티게 해준 것이다.

어떤 환자가 암치료를 위해 시력을 포기해야 한다는 의사의 말에 동의했다. 상실된 시력은 회복되지 않는다고 의사는 설명했다. 이후 암에서 회복한 그는 의사의 진찰을 받을 때마다 무려 17년 간이나 '선생님, 제 시력이 다시 회복될까요?'라고 물었고 그 때마다 의사는 불가능하다고 말했다. 그러던 어느날 의사가 '새로운 의술의 개발로 수술하면 어쩌면 당신의 시력이 회복될지도 모르겠다.'하고 말했다. 오랜 동안 시력을 사용하지 않는 경우

뇌가 사용하지 않는 시신경세포에 명령을 내려 퇴화되어버린다. 그런데 그는 늘 자신이 시력을 회복되어야 한다는 믿음을 유지한 덕분에 놀랍게도 시신경세포가 생생하게 살아있었고 수술을 통해 시력을 회복했다. 뇌가 회복될 테니 기다려라라고 시신경세포에 명령을 가한 것이다. 그래서 시신경세포는 생생히 대기상태를 유지한 것이다.

바라쿠다와 숭어를 유리 칸막이가 있는 어항에 같이 넣어두면 바라쿠다는 숭어를 잡아먹기 위해 돌진하다 유리에 부딪쳐 충격을 거듭 받는다. 그 때마다 고통을 받고 결국 숭어를 먹어서는 안 되는 거로 학습한다. 이후 유리칸막이를 제거해도 바라코다는 숭어를 먹지 못하는 거로 인식해 공격하지 않는다. 겨울밤 추운 겨울에 고슴도치가 외롭고 추어 얼어 죽지 않게 서로 밀착하면서도 서로 가시가 찔리지 않는 최적거리인 예절도 이런 식의 학습이 필요하다. 나를 제약하고 통제하는 힘은 내 안의 믿음이다.

6) 능력에 대한 칭찬보다 노력에 대해 칭찬하라

능력에 대한 칭찬보다 노력에 대해 칭찬하라. '넌 정말 영리해,' '넌 타고났어' 등 능력에 대한 칭찬은 성취결과를 자신의 능력에 의한 것으로 판단하게 한다. 결과가 나쁠 때는 '난 소질도 능력도 없어' 식으로 자신감의 상실로 이어진다.

이렇게 능력을 과장하는 공허한 칭찬의 남발은 나중에 아이들이 현실과 자신의 역량 사이에 괴리를 느끼게 되면 자존심에 악영향을 줄 수 있다.

이에 비해 성취결과에 대해 '열심히 했구나'와 같이 노력에 대한 긍정적 격려를 받게 되면 성취결과에 대한 원인을 자신의 노력 여부로 돌리기 때문에 향후 과제에서 더 노력하는 모습을 보인다.

그러니 내 기분에 따라 혹은 분위기를 띄우려고 무조건 칭찬하기 보다 근거와 사실에 바탕을 두고서 과정에 대한 솔직한 피드백과 평가가 주어져야 한다.

7) 학습법 단문 모음
① 뇌도 근육처럼 쓸수록 좋아진다.

신체활동이 줄면 근육이 쪼그라드는데 뇌도 이와 같다. 뇌도 근육처럼 쓸수록 좋아진다.

한 연구에 의하면, 런던의 정해진 노선만 운행하는 버스기사에 비해 시내의 복잡한 목적지를 찾아 다녀야 하는 택시기사들은 학습·기억 등 인지 기능을 담당하는 대뇌 측두엽의 '해마가 더 컸다.

국제 학술지 Cell에 발표한 논문에 따르면, 사람은 어른이 돼서도 하루 700개 정도의 뇌 신경세포가 생성된다. 평생으로 치면 전체 신경세포의 3분의 1이 정기적으로 재생된다는 것을 의미한다. 반복하다 보면 새로운 신경회로 형성으로 내 것이 된다. 그 기간이 21일이라 한다. 사람의 뇌는 쓸수록 좋아지는 근거다.

② 몸을 흔들면 두뇌에 산소가 공급되고 신체 움직임이 두뇌를 자극한다. 그래서 앞뒤로 몸을 움직이며 공부하면 기억이 잘 된다. 이러한 원리 대문에 걸어가는 동안 좋은 아이디어가 잘 떠오른다.

③ 체화된 인지이론

행동이 지능에 영향을 미친다. 문제를 풀거나 문장을 외울 때 손이나 눈동자를 움직이면서 하면 효과가 더 높다.

이론 이론에 근거해, 몬테소리학교에서는 사포로 만든 글자를 손으로 만지며 알파벳을 체득하고, 나무토막을 가지고 산수를 익힌다. 문법은 문장대로 행동하면서 배운다.

④ 스마트폰 대신 2G폰을 선택하는 사람이 늘고 있다. 특히 학생들은 스마트폰 중독으로 인한 학업부진을 피하기 위해서다.

2. 자녀교육

1) 뇌의 성장

뇌는 만6세까지 성인 뇌 크기의 93%까지 자라지만, 크기만큼 성숙한 것은 아니다. 특히, 판단력과 정력을 담당하는 뇌의 전두엽 부분은 10대 때 가장 활발하게 자라면서 점차 질풍노도의 불안정한 충동을 제어하고 어리석은 짓을 하지 않게 해준다.

이 전두엽은 25세까지 성장하는데, 이 때가 돼서야 자신에 대해 제대로 된 통제력을 갖게 된다. 그러니 사춘기 아이들의 이유 없는 반항, 돌발행동은 자연스런 것으로 한 발짝 물러서 지켜봐야 한다.

뇌의 가장 바깥쪽에 있는 회백질은 학습기능과 사고력의 영역인데, 사춘기에 최고조의 성숙과정을 거치기 때문에 이 시기에 새로운 것을 배우고 경험하는 것이 중요하다. 우리 뇌는 각각의 분야별로 최적의 학습 결정기가 있기 때문에 얼마나 일찍 하느냐가 아니라 얼마나 적절한 때 하느냐가 관건이다.

2) 아이다움의 의미

어린 아이는 판단을 담당하는 뇌의 영역이 충분히 발달되지 않았기 때문에 치매 약간 걸린 노인 대하듯 해야 한다.

화목하고 조화로운 부부 분위기 속에서 아이의 눈에 비치는 엄마 아빠 역할모델이 아이의 마음에 스며들며 아이의 내면을 구축하는 것이다.

3) 행동의 변화는 더디 온다

행동에 문제가 있는 아이들을 다룰 때 다짜고짜 다그치면 오히려 역효과로 분위기가 더 험악해진다. 부모는 아이를 윽박질러 변화시킬 수 없다. 아이에게 강요하기 보다 격려하는 식으로 넌지시 제안하라. 부모로서 스스로에게 물어라. '내가 뭔가 달리 할 수 있을까?' 혹은 '어떻게 하면 아이에게 더 나은 반응을 끌어낼 수 있을까?' 이런 접근법이 아이에게 잔소리하거나, 큰소리치거나, 혹은 달래고 환심사는 거보다 훨씬 더 교육적이다.

아이는 부모와 좋은 기억도 있겠지만 나쁜 기억도 간직하고 있다. 다 큰 아이는 과거에 부모가 홧김에 자기에게 가했던 벌이나 (부모 스스로 돌이켜 보면 후회할 만한) 아픈 말들을 들먹일 것이다. 아이를 존중하라, 특히 부모로서 화가 치밀고 어찌할 바를 모를 때일수록 자제하라. 그래야 아이도 부모에 대한 존중을 배운다.

아이들은 하루아침에 변하지 않는다. 행동의 변화는 더디 온다. 싸우던 아이들에게 잔소리 좀 했다고 오순도순 사이 좋게 지내진 않는다. 아이에게 밤 늦게까지 깨어있도록 허용한다고 알아서 잠자리에 들거라 기대하지 마라. 미진하더라도 긍정적인 변화를 인정해줘라. 작은 변화가 쌓이고 쌓여 결국 아이에게 큰 변화가 온다.

4) 형제간 다툼

형제간 다툼에서 부모는 심판이 되지 마라. 부모는 싸움을 판정하고 중

재하려 말고, 아이 각자의 이야기를 잘 들어주고 공감하는 것만으로도 아이는 마음을 열고 스스로 행실을 올바로 평가한다. 이렇게 스스로 자책하는 마음을 통해 아이는 내면이 성장하는 것이다.

폭풍우 없는 바다가 없듯이 분노 없는 사람이 없다. 그런 큰 분노라도 마음이 가라앉으면 언제 그랬냐는 듯이 일상이 지속된다. 작은 소동에 휘둘리지 말고 기다리면 잘 지나간다.

영국 일간지 더타임스에 의하면, 형제자매간 경쟁이나 다툼과 같은 상호작용이 특히 동생의 사회성, 어휘력, 정서발달에 더 긍정적이라 한다. 부모는 이런 아이들을 보면서 갈등해결 방법을 배운다고 한다. 아이는 어른의 스승이라는 말도 있지 않은가

5) 아버지의 이름은 엄마가 준다

엄마가 아빠를 씹으면 아이는 중년이 되기 전에는 아빠를 받아들이기 힘들다. 아버지의 이름을 엄마가 주지 못하면 아버지 이름은 아이에게 폭군이 된다. 이렇게 엄마가 아이에게 줄 수 있

는 최고의 선물은 엄마를 거쳐 아이에게 사랑이 전달되도록 아이가 아빠를 받아들일 수 있게 하는 것이다. 즉, 엄마가 아버지의 이름을 주지 않으면 아버지는 아이에게 가까이 가기도 힘들고 자식도 다가오지 않는다. 아이는 엄마가 아빠를 대하는 마음과 태도로 아빠를 재단하고 정의한다.

엄마가 바뀌면 아이도 바뀐다. 엄마는 남편과의 관계설정이 원만해야 자식에게 제대로 엄마의 역할을 할 수 있다. 아빠도 변해야 한다는 의미이다. 부모가 포기하지 않는 한 아이는 변화한다. 부모가 자기 생각으로 가득 차면 안되고, 마음을 비우고 아이를 있는 그대로 인정하고 아이에게 공감을 해줘야 한다. 가족 간에 심판자가 아닌 후원자, 변호자가 되어야 한다

6) 중간대상물

어느 여성이 결혼을 해서 남편과 외국을 나갔는데 어렸을 때 가지고 놀던 때묻고 볼품없는 누추한 곰인형을 챙겨가겠다고 엄마와 실랑이를 벌였다. 엄마는 딸이 외국으로 떠나고 나서 중간대상물의 의미를 알고 가슴 아팠다. 나중에 외국 딸집에 가봤더니 볼품없는 그 곰인형이 침대의 베개 옆에 소중히 놓여 있었다.

이러한 중간대상물이 힘들고 어려울 때 위로가 되어 마음을 달래주는 역할을 한다.

7) 아이의 말썽은 희망으로의 비행

아이의 무의식 수면하의 심리를 드러낼 수 있는 환경이 조성될 때 무의식에 숨어 있던 감정이 고개를 내밀며 아이에게 문제가 생기니, 이는 '아이의 마음이 다시 희망을 가질 때' 혹은 '희망으로의 비행'이라는 긍정적 이름이 어울릴 듯하다.

아이들의 성장과정을 면밀히 관찰해보면 부모들 사이가 좋을 때 아이의 무의식의 억압된 감정을 드러낼 수 있는 환경에 해당되기 때문에 아이가 말썽을 일으키게 된다. 이로 인해 부모 사이, 혹은 부모와 아이 사이가 나빠지면 다시 아이의 감정 억압기제가 작용해 쥐 죽은 듯이 조용해진다. 이를 이해하지 못하는 부모의 눈에는 아이는 부부평화, 가정평화의 훼방꾼처럼 비춰진다. 아이의 문제행동에 대해 부모가 앙갚음·언어폭력·체벌을 가하면 또 다른 문제로 확대되어 문제의 양상이 주변대상/환경으로 확대되어 이차적 부산물이 생기면 치료가 난망해진다. 즉 초기에 문제를 해결해야 한다는 말이다.

아이가 부모에게 거세게 대들거나 냉소적일 때 부모가 같이 흥분해서 휩쓸리면 안 된다. 아이의 일탈은 도와달라는 마음의 울부짖음이다.

우리의 아픈 몸이 회복되기 전에 일시적으로 증상이 악화되는 명현반응이라는 것이 있다. 인간의 상처받은 마음이 치유될 때도 그런 식의 반응이 나타난다. 유아기 때 엄마사랑을 충분히 받지 못하던 아이들이 청소년기 치료과정에서 억압된 감정이 회복되면서 일시적으로 퇴행과 거친 행동이 나오는데, 이 때 엄마가 잘 보듬어 주면 아이들의 감정이 해소되면서 본래의 좋은 방향성을 찾아 마음이 성장하게 된다.

8) 아이에게는 성장단계라는 것이 있다

자신이 일찍 철든 시절을 보낸 부모는 자식의 눈높이를 자신의 어린시절에 낮추고 초등생 아이에게 세상을 살아가는 자세와 학창시절 학습의 중요성에 대해 장광설로 주입하려 하지만, 아이에게는 성장단계라는 것이 있다. 인생을 관망하는 시각이 형성되어 있지 않기 때문에 그런 관념적인 사고가 들어오지 않는다. 스스로 사물을 보고 느끼고 마음이 성장하면서 자연스럽게 습득하고 깨달아가는 것이지 언어로 부모가 전달해줄 수 있는 것이 아니다.

아이는 부모의 역할모델을 보고 체험하며 배우는 것이지, 말로 전달받는 것이 아니다. 이는 마치 게가 옆으로 걸으며 자식에게는 똑바로 걸으라고 하는 것과 같이 공허한 메아리일 뿐이다.

9) 아빠에 대한 삐딱한 반항은 성장의 디딤돌을 위한 기회의 요구이다

아버지를 함정에 빠뜨리려는 전략이 아들의 전형적 반응이다. 아빠에 대한 삐딱한 반항은 성장의 디딤돌을 위한 기회의 요구이다. 이렇게 아빠를 두드려보고 이를 올바로 받아주면 성장한다.

이렇게 애가 말로 던져볼 때 어른인 우리는 아이의 말에 대해 적응력이 없어 미숙한 반응을 하기 싶다. 부모가 등돌리면, 선

생님에게 기대고, 선생님도 등을 돌리면 친구에게 기댄다. 그리고 친구마저 등돌리면 내면이 성장하지 못한다. 솜처럼 부드러웠던 내면이 딱딱한 야구공이 되어 누구하고도 어울리지 못하고 자기 보호를 위한 단단한 껍질이 형성된다.

부모가 아이를 버린 자식 취급하지 않고, 부모의 일방적인 통제와 훈계에 아이가 반박하거나 대들지 않고 고분고분하니 부모와 자식 사이에 문제없다고 생각하면 오산이다. 오히려 반항하고 물의를 일으키는 아이에 안도하고 그러한 행위가 부모에게 도움을 요청하는 몸부림으로 이해되고, 대화를 통한 화해와 치료의 길을 모색하는 희망으로 받아들여져야 한다.

예상치 못한 아이의 반항에 부모가 사랑의 포용보다 맞불처럼 펄펄 뛰면 아이의 내면 공격성은 해소되지 못한 채 내면에 억압되어 순응 아이 상태에 갇히고, 자기내면과 접촉이 안되어 주위 대상과 관계맺기, 개방적 창조적 타협하는 능력인 본질적 자기를 키우지 못하고, 환경의 요구에 순응을 통해 반사회적인 경향성, 분열성 인격, 거짓인격 등과 같은 인위적 자기가 우세하게 되어 삶의 공허함에 지배되고 알코올 중독, 골초, 성중독, 시간이 지루함, 외로움에 빠진다.

사람들의 각종 불건전한 중독이 이렇게 무의식의 영역에 깊은 뿌리를 두고 있기 때문에 이러한 내면의 치유가 전제되어야 나쁜 중독성 습관이 개선될 수 있다. 본질적이지 않는 순응, 억압으로 형성된 외적인 도덕성, 강압된 사회적 태도는 지속하지 못하고 일시적이어서 스트레스를 받으면 일시에 사라진다.

'아빠가 싫어!' 아이가 이런 말을 했다. 당신이라면 어떤 반응을 보일 것인가? 이러한 질문을 받을 때 그럴 듯한 답을 찾으려는 어른들은 다양하게 반응할 것이다. '그래도 네가 좋아,' '널 포기한 적 없어.' 등등. 중요한 것은 아이가 그런 아빠의 마음을 알아야 한다는 것이다.

자녀에 대한 아빠의 사랑은 손안의 하트와 같다. 손을 움켜지면 아이가 알 도리가 없다.

손을 펼쳐야 손안의 하트가 보이듯이, 자녀에 대한 사랑을 말로 표현할 때 비로소 제대로 전달되는 것이다. '내가 노력할게,' '어떤 점이 제일 싫으냐,' '좋은 점 하나만,' '미안하다'와 같이.

'가출할 거예요'라는 말에 즉각적으로 맞받아 치기 보다, 아빠는 대화에 있어 기본인 친절함과 공감의 공식을 상기하고 '집 나가려면 돈이 필요하지,' '숙식은 어떻게 할래,' 등의 구체적 대화를 통해 흡족한 발산을 거친 아이가 어느 정도 수용적 분위기로 진입했을 때 '그러지 마라' 식의 말이 와야 한다. 우리가 쓴 약을 넘기기 위해서는 캡슐에 넣는 것처럼 같은 의도라도 전단계로서 거치는 포장을 어떻게 하느냐가 이렇게 중요한 것이다.

아이가 '학교에 가지 않을 거예요,' '선생님이 싫어요,' '게임을 포기할 수 없어요,' '우리집은 왜 이렇게 가난해요' 등의 표현할 때도 부모는 위와 같은 맥락의 접근이 필요하다. 아이의 요구/행동의 이면을 보라.

애들은 엉뚱한 것을 요구한다.
그 이면에는 부모의 사랑과 관심을 요
구하는 마음이 있는 것이다.

즉, 아이는 부모와 끊을 수 없는 연결성이 있다. 유능한 부모는 이를 간파해야 한다.

아이들은 명령을 따라 변해가는 것이 아니다. 자식이라도 인격적인 모독은 삼가 해야 한다. 애가 슬리퍼를 끌고 다니는 걸 칭찬해줬더니 아이가 나중에 스스로 뒤돌아보고 '이건 아니더라'고 느껴 슬리퍼를 벗더라. 애들은 거슬리는 행동으로 관심을 끌고 존재감을 느끼고자 문제를 야기하는 것이다. 그러니 아이의 일탈에 맞받아치기 보다 칭찬 후 의식하지 않게 제한을 가하는 방식을 취해야 한다. 이렇게 인간의 감성은 이성에 우선한다. 이는 사회생활에서도 동일하게 적용된다. 현재 처한 상대의 감정을 존중해야 하는 것이다.

비행기가 결항해 항공사 직원들이 손님들의 거친 항의에 정신없이 시달리는데 한 사람이 시원한 물병을 건네며 '많이 바쁘죠. 결항이 당신의 잘못이 아니죠. 혹시 다음 비행기에 자리를 구할 수 있을까요?'라고 물었습니다. 다음 비행편에 딱 한자리가 남아 있었고 그 사람은 그 좌석을 구하고 좌석도 일등석으로 업그레이드됐다고 한다. 공감은 이렇게 위력을 발휘한다.

부모는 미리 연습을 하고 아이를 키우는 것이 아니고 인격적으로 완성된 경지에 있는 것도 아니다. 아이의 성장을 도우면서 같이 성숙해 가는 마음자세가 필요하다. 부모와 자녀가 같이 동반 성숙해가기 위해서는 상호간에 효과적인 대화의 방법이 필요하다.

아이를 대할 때도 그렇고 사회생활도 마찬가지이지만, 좋은 생각, 지혜는 늦게 온다. 가위바위보 놀이에서 항시 이기려면 상대보다 늦게 내면 된다. 상대의 말을 다 듣고 한 박자 늦게 대응하면 된다. 공감도 할 수 없고 돌파구도 없다면 극단적 감정의 폭발만은 피하고 버티기로 가도 된다. 최소한 판을 깨지 않고 버티고 넘겨 회생 가능성의 씨앗을 남겨야 한다. 순간적 충동으로 그라운드 제로, 즉 복구불능으로 판이 깨지면 안 된다. 다시 시작할 수 있는 씨앗은 남겨라는 것이다.

10) 잘 들어주는 것만으로도 문제가 해결된다

청소년기 고민은 잘 들어주는 것만으로도 상당부분 저절로 해소된다. 아이가 자신의 얘기를 하면서 억눌렸던 마음이 풀리기도 하고 문제를 객관화시키면서 스스로 대처 방식을 깨닫기 때문이다. 상담자는 다가가는 수용적 태도로 잘 들어줌으로써 물꼬를 터주는 역할이 중요하다.

11) 대화의 기술

부모는 자녀와 대화 안에 결정하는 두려움을 안고 있다. 그러나 대화는 결정과 다른 문제임을 알아야 한다. 대화의 주요 의도나 결말과 상관없이 대화의 과정에서 소통, 이해, 유대감 등의 성취를 느낄 수 있다. 대화를 통해 자녀가 관심 있는 것이 뭔가를 이해하는 등 대화는 어떻든 정신적인 좋은 것을 얻어내게 한다. 대화의 과정에 충실 하려면 다음의 네 가지를 실천해야 한다:

주도권, 공감, 친절, 칭찬 !

① 주도권

청소년기 특징은 부모로부터 심리적 독립을 성 취하려는 욕구와 가족을 탈피하려는 욕구가 강하다. 그러니 부모의 욕구불만을 투사, 보상하려 하지 말고 스스로 답을 찾도록 내버려 둬야 한다.

'내가 알아서 할 테니 내가 시키는 대로 해라'는 식이 아니라, '네 문제로 네가 할 수 있는 일이 뭐가 있을까' 식으로 주도권을 아이에 맞춰야 한다.

우리는 흔히 대신 결정해주려 하지만 아이들은 스스로 꾸려가는 주도자 입장으로 존중 받고자 한다. 가만 두고 보다가 'Help me' 할 때 도와줘야지, 그 전에 나서는 것은 아이를 침범하는 거다. 아이를 가만 두는 것이 존중하는 거다.

부모의 교육은 따로 분리하더라도 생활 속에서 자녀의 조력자가 돼라. 부모는 자식을 경청하는 것만으로도 존중이다. 엄마나 아빠는 아이들의 해결사, 평가·판단자가 아니라 변호인, 후원자, 지지자가 되어야 한다.

② 공감

'이웃집 누구는 유럽 간다고 뭘 사던데, 난 보고만 있었어…' 라고 말하는 자녀의 말에 듣는 부모는 자녀 자신도 유럽 여행시켜 달라는 요구로 진행할까 봐 미리 판단해 '공부나 열심히 해라' '교과서나 파라' 라고 단칼에 자르는 부모가 되지 말고, '스스로 할 수 있는 문제를 우리 같이 궁리해보자' '아르바이트로 돈을 모아보면 어떨까' 식으로 아이에게 꿈을 심어주라.

비슷한 맥락으로 부인이 '봄인데 옷 한 벌 사야' 라고 말하면 실제 옷을 사느냐 여부는 나중의 문제이고, 부인의 입장에서 공감이 필요하다.

부하직원이 계획안을 제시했는데 '그래 애썼다'라고 수고로움을 공감해주는 것이 중요하고, 그 내용을 평가하는 것은 나중의 문제이다. 나중에 평가단계에서 해도 될 것을 '그것도 계획안이냐' 라고 무시하고 내치지 않아야 한다. 이러한 태도는 이중적인 태도가 아니고, 주위와 화합할 줄 아는 '소통'의 의미이다.

자녀와 바닷가에 놀러갔는데, 아이가 쓸모 없는 해산물을 모아왔을 때 무시하면 실망해서 풀이 죽는다. 아이의 기를 살리는 공감의 언어가 필요하다.

'선생님이 싫어요' 하는 아이에 대해 선생님을 싫어하는 마음을 이해하는 공감이 있어야 한다.

'우리집은 왜 이렇게 가난해요' 라는 아이에 대해 부모는 아이를 나무라기 보다 '미안하다' 라는 아이의 마음에 대한 공감의 표현과 더불어 가족이란 소중하다는 가치를 주입시켜준다.

③ 칭찬

칭찬을 들으면 비록 거짓말에 가깝더라도 우리의 뇌는 기분 좋게 활성화된다. 칭찬 한 마디가 아이의 마음을 환하게 밝힌다. 긍정적인 한마디가 아이의 기를 살린다.

'엄마를 부탁해' 소설로 한국을 넘어 미국에서까지 반향을 일으킨 신경숙 작가가 서울에서 낮에는 공장 다니고 밤에 야간 고등학교에 다니느라 무단결석을 했다. 선생님은 반성문을 써오라고 했고, 대학노트에 쓴 수십 페이지 반성문을 읽어본 선생님은 "너, 소설을 써보면 어떻겠니" 라고 했고 그 후로는 결석이 없었다고 한다. 주위 사람의 긍정적 지지가 있어야 아이가 천분을 찾는 것이다.

친구를 괴롭히기 좋아하는 문제아 때문에 선생님이 엄마를 호출했다. 선생님은 아이 심리에 대한 지식이 많은 분이라서 아이엄마에게 집에서 아이를 예뻐하고 많이 칭찬해주라고 권유했고, 아이는 엄마가 선생님에게 불려갔으니 이제 크게 혼나겠구나 했는데, 뜻밖에 엄마 입에서 '선생님이 너 많이 칭찬하고 예뻐해 주라고 하더라'는 말이 나왔다. 이 아이는 친구들을 괴롭히던 것이 잦아들고 공부를 하기 시작했다. 왕따의 공통점은 공감능력 부족이다. 이런 것은 엄마에게 배우는 것이다. 아빠도 감정을 표현해줘야 한다.

"우리가 다른 사람을 위해서 할 수 있는 가장 위대한 일은, 상대방의 가장 깊은 내면에 있는 가장 그 사람다운 것이 무엇인지를 알아보고 **인정과 격려**로 그것을 다져주는 일이다."

- 마르틴 부버

④ 친절

친절하라. 사람은 큰 문턱이 아니라 작은 문턱에 자주 걸려 넘어진다. 나의 친절 한 줌에 따라 그의 마음속 빛과 어둠이 뒤바뀐다. 나의 친절 한 줌이 그의 마음 속 천사를 일깨운다.

친절이 이 세상의 온갖 공갈협박보다 더 쉽게 사람들의 마음을 바꿔놓으니 이 세상에서 친절보다 더 강한 것은 없다. 사람의 마음을 여는 첫걸음은 작은 친절에서 시작된다.

친절에 대한 격언을 아래에 소개한다.

"친절은 세상을 아름답게 한다. 모든 비난을 해결한다. 얽힌 것을 풀어헤치고 곤란한 일을 수월하게 하고 암담한 것을 즐거움으로 바꾼다."

- 톨스토이

사람의 삶에서 가장 중요한 세 가지가 있다. 첫째는 **친절**이고, 둘째 셋째도 친절이다."

- 헨리 제임스

"어리석은 사람은 친절한 사람이 될만한 인품을 갖지 못하는 것이 보통이다. 남에게 친절해야 하는 것은 그 자신의 인품을 높이는 것이 된다."

- 라 로슈푸코

"똑똑하기 보다는 친절한 편이 낫다."

- 탈무드

"불쾌한 자극, 불친절에 대해 마음속으로 익살스럽게 웃으며 마음속으로 '고맙습니다' 해보라. 하루종일 에너지가 솟아날 것이다. 폐기물에서 청정에너지를 만들어 쓸까, 아니면 같이 쓰레기가 될 것인가?"

- 정윤규

개혜염은 진화하지 못한다. 제대로 된 방식이라야 확장 및 성장이 가능하다. 제대로 된 방식으로 익숙해지도록 변화와 개선 노력을 해야 하는데, 이는 과정의 고통을 수반한다. 대화에서 주도권, 공감, 친절, 칭찬 네 요소를 체화하기 위해 그 과정의 고통을 감내해야 한다.

12) 내가 낳은 자식이니 나의 성격을 닮았을 거라고 생각하면 불행이 시작된다

부부 사이가 늘 불안한 집안이었는데 엄마가 아이를 사랑으로 보듬으며 키운 덕분에 아들은 무난히 명문대에 진학했지만, 아이는 어릴 때부터 아버지와의 성격차이로 아버지의 요구에 시달리며 겪은 갈등 때문에 커서 우울증이 나타났다. 아버지는 외향적이고 현실적이며 친구도 잘 사귀는 개방적인 성격이었는데, 아들은 내향적이고 현실감각보다는 직관이 뛰어난 유형이어서, 자신이 좋아하는 분야에는 말을 잘 하지만 그렇지 않은 경우는 말수가 적었다.

아이가 대학생이 되니 자기주장이 강해지며, 아버지와 갈등 때문에 결국 아들에게 손찌검까지 하게 되었다. 이렇게 사이가 멀어지니 아버지는 아들이 자신을 사랑하지 않는다고 오해했다.

이런 심각한 지경이 되자 아버지는 상담을 받게 되었고, 성격 검사를 통해 아이와 자신의 성격차이를 인정하고 아들의 삶의 방식과 장래 비전을 존중하게 되자 아이는 우울증을 벗어 던지고 자신감을 되찾았다.

반대로 내성적인 부모가 많은 언어표현을 통해 삶의 에너지를 얻는 외향적인 아이를 엄격하게 통제해서 결국 아이 마음의 고통이 신체적인 증상으로 나타나는 경우도 있다. 부부간에 화목을 유지하고, 아이의 말에 긍정적인 관심을 갖고 들어주고 적극적 칭찬을 하면 아이의 마음은 되돌아 온다.

이렇게 같은 가족이라도 각각 성격이 다르다. 가정의 화목과 아이의 건강한 성장을 위해서는 서로 상대방의 성격을 이해하고 존중하는 것이 최선의 방법이다.

그러니 달라서 싸우는 것이 아니라 서로 이해하고 존중하지 않기 때문에 싸우는 것이다.

화날 때 ⑤ 분 멘토

제 8 장
건강

> **❝** 스님들은 공기 좋고 물 맑은 곳에서 채식에 술 담배 안하고 치열한 스트레스 없이 사는데 왜 일반인처럼 심각한 병에 걸릴까?
>
> 금가루가 아무리 좋아도 눈에 들어가면 눈병이 나는 것처럼, 깨달음을 위해 고행하는 과정에서 올바르게 몸을 돌보는 법을 몰라서인 경우가 많다.
>
> 스님뿐만 아니라 모든 이에게 적용되는 개념이다.
>
> - 법우스님 **❞**

1. 시각정보

1) 시각정보와 몸의 피로감

벼락은 0.004초에 1억~10억V에 이르는 고압을 내리치는데 극히 순간적으로 우리의 몸을 타고 땅으로 사라지기 때문에 화상을 입지 않아 내장은 멀쩡한데 뇌와 신경을 다쳐 사망 하거나 장애를 입는다.

외부에서 물리적으로 가하는 충격이 크면 우리 몸이 받는 데미지도 클 가능성이 있지만 그러나 꼭 비례하지는 않는다. 밤을 꼬박 세우고도 결과가 좋으면 몸이 날아갈 듯 가뿐 하지만, 한마디 충격에 눕는 것이 인간이다. 뇌와 신경이 받는 부하가 몸의 데미지 정도를 좌우한다.

컴퓨터 화면을 통해 시신경이 처리하는 시각정보도 우리 몸에 엄청난 과부하를 초래한다. 특히 화려한 시각정보 일수록 뇌와 신경에 무거운 부하를 가한다. 해상도 높은 그래픽 정보를 처리할 때 컴퓨터 CPU가 혹사 당하는 것과 같은 이치다. 이유없이 심신이 무겁다면 혹시 화면 중독인지 살펴보라. 컴퓨터 앞에서 보내는 여가는 길게 봐서 별로 유익한 휴식이 못 된다. 일정 시간 컴퓨터나 스마트폰을 끄고 명상이나 산책 등과 같은 신체 활동을 통해 뇌와 시신경에 휴식을 주라. 특히 저녁 시각에 TV나 컴퓨터를 통한 시신경 혹사를 주의하라.

독서를 통해 들어오는 문자정보는 TV나 컴퓨터 화면에 비해서 현저히 낮은 부하이다.

과다 청각정보가 몸에 주는 데미지도 같은 맥락으로 생각해 볼 수 있다.

2) 머리를 비우고 생각을 버리는 '멍 때리는 시간'

심신의 휴식을 위한 여가시간으로 TV시청, 게임, 영화 등을 선택하는데, 뇌는 그러한 순간에도 쏟아져 들어오는 정보를 처리하느라 쉬지 못하고 바쁘게 움직이며 이로 인해 창의적 발상을 위한 에너지가 고갈된다.

따라서 좋은 아이디어를 얻고 싶으면 머리를 쉬어주는 것이 좋다. 잠시 눈을 감고 시각정보를 차단해주거나, 산책이나 손으로 만지작거리는 활동도 좋다.

천재적 투자자 워런 버핏은 매일 아침 멍하니 앉아 창밖이나 천장을 바라보는 것으로 하루를 시작한다. 머리를 비우고 생각을 버리는 멍 때리는 시간이 아이디어의 원천이다.

2. 수면에 대하여

1) 수면 전의 미디어 시청

시각장애인이 되면 시신경이 자극받지 않기 때문에 점차 꿈이 줄어들어 전혀 꿈을 꾸지 않게 된다.

자기 전에 TV나 컴퓨터 앞에 오래 앉아 있으면 시각정보 과다 입력으로 시신경이 과도하게 활성화되어 꿈도 많아지고, 자는 것도 아니고 안 자는 것도 아닌 가수면 상태에서 귀가 열려있게 된다.

2) 암세포 막으려면 칠흑 같은 어둠이 꼭 필요

광생물학자인 조앤 로버츠 박사에 의하면, 어둠이 면역체계를 작동시켜 암세포의 활동 억제를 돕는다. 인간의 신체는 어두운 상태에서만 멜라토닌이라는 호르몬을 생산하는데, 밤에 침실에 약간의 빛만 있어도 멜라토닌 생산이 중단된다.

TV를 켜놓고 자면 낮에만 활동해야 하는 다른 면역체계 호르몬들의 힘을 약하게 해 질병에 취약해진다. 어둠은 자연이 선사한 자연치유법이다.

> TV를 켠 정도의 밝기로 자더라도 밤새 지속하는 경우는 몸의 면역체계가 저하되어 체중이 늘거나 우울증에 걸릴 확률이 높아진다는 연구결과가 있다.

3) 어둠에 누워 취하는 휴식만으로 충분하다는 마음가짐

미래지향적이고 활동성이 강할수록 스트레스에 더 많이 노출되기 때문에 불면에 취약할 수 있다. 동전의 앞면과 뒷면이다. 칼이 날카로우면 칼집을 벨 수 있는 것과도 비유된다. 마음을 비우면 세상살이가 편하듯 불면에 대한 가장 좋은 대처는 수면에 대한 강박을 떨치는 것이다.

밤에 어둠 속에서 눈을 감고 누워서 휴식을 취하는 휴식만으로도 뇌파가 떨어져 충분한 휴식이 되어 (다음날 조금 힘들기는 하겠지만) 활동을 못할 정도는 아니다. 이런 마음가짐으로 며칠 밤을 보내면 수면이 몰려 한꺼번에 몰아서 자연스레 자게 된다. 수면은 양의 문제보다 질의 문제이기 때문에 짧아도 이렇게 부담 없이 자면 된다. 잠이 안 온다고 불을 켜고 앉아 있지 말고, 어둠 속에서 누워서 휴식을 취한다는 마음가짐이면 어느 날인가 불면의 문제는 저절로 해소된다.

불면을 문제시 않고 내버려두면 사라지게 마련이듯, 모든 문제가 문제로 인식하지 않으면 문제될 게 없긴 하다. 자연스럽게 받아들이면 그만이다.

낮시간에도 눈을 감고 잠시 휴식을 취하면 뇌파가 떨어지는 효과가 있다. 동시에 클래식 음악을 들으면 가벼운 두통이 말끔히 사라지기도 한다.

밤에 생각이 떠돌 때는 나의 의식을 주목하며 내가 생각하는 바를 주목하다 보면 망상에 이끌려 다니지 않게 된다. 그냥 편하게 내가 생각하는 바를 주목해보라. 그리고 손에 성냥 크기 정도의 뭔가를 쥐고 놓치지 않으려 의식하면 놓쳤다 다시 집었다를 반복하며 결국 잠결에 놓치고 스르르 자게 된다. 뭔가를 움켜지고 있는 행위는 그 대상에 마음을 계속 두어야 해서 딴 생각하면 저절로 손이 펴지면서 물건을 놓치게 된다. 그러면 다시 쥐며 정신을 집중하기를 반복한다.

일본의 어느 장수노인은 자기 전에 동요를 여러 곡 부르고 잔다고 한다. 나를 고집하면 불면이 되고, 나를 버리면 숙면이 된다.

4) 쉽게 잠드는 방법

일상생활을 하는 우리의 뇌파 범위는 14~21(베타파)이다.

활동할 때 가장 이상적인 뇌파의 범위는 7~14 사이의 알파파이다. 이는 완전 몰입상태의 뇌파 범위로서 강력한 정신적 능력을 발휘할 수 있고, 심신의 치유 효과가 크다. 특히 숙면에 큰 도움이 된다. 명상 수련이 높은 경지에 이를 때 가능하다. 수련법으로는 명상, 요가, 단전호흡 등이 있다.

4~7 사이인 세다피는 잠들 무렵의 뇌파범위이다. 4 이하는 델타파로서 깊은 잠에 떨어질 때의 뇌파상태이다.

쉽게 잠들지 못하거나 잠이 얕은 이유는 뇌파가 떨어지지 않아 마음이 상기된 상태로 유지되기 때문이다. 따라서 잘 자려면 뇌파를 어떻게 떨어뜨리냐가 중요하다.

뇌파를 떨어뜨리는 방법으로 누구나 간단히 할 수 있고 수면에 도움이 되는 숫자 거꾸로 세기를 소개한다.

필자의 경우 잠자리에 들어 100에서 숫자를 거꾸로 흐릿하게 세다가 90 정도에 이르면 몽롱해져 잠에 떨어진 경우가 허다하다. 자다가 옅은 잠으로 돌아오면 다시 무의식적으로 숫자를 거꾸로 세면 된다. 최고의 수면요법이다!!

숫자는 꼭 100에서 시작할 필요는 없다. 생각나는 대로 70이든 50이든 아니면 어떤 숫자라도 거꾸로 내려오면 된다. 아래에 상세히 정리한다. 나에게는 가정 효율적인 마인드 컨트롤 방법이다.

[알파파 진입 명상법 : 숫자 거꾸로 세기]
- 앉든 눕든 가장 편안한 상태를 취하고 눈을 감는다.
- 전신이완 단계
1) 정수리(백회)에 생각을 두고 '긴장이 풀릴 것이다' 라고 3
   초간 생각한다.
2) 정수리에 이어 얼굴에 마음을 두고 '긴장이 풀릴 것이다라

고 3초간 생각한다.

3) 이 같은 방식으로 목, 가슴, 배, 치골, 엉덩이, 허벅지, 무릎, 정강이, 발목, 발끝 순서로 '긴장이 풀릴 것이다'라고 3초간 생각한다.

4) 반드시 몸의 특정부분일 필요는 없고 코, 턱… 식으로 '긴 장이 풀릴 것이다'라고 3초간 생각하며 신체의 밑으로 짚어 내려오면 된다.

5) 칠판을 상상하고 3을 쓴다. 3초 정도 들여다보며 '더 깊이~ 더 깊이'라는 의념을 갖는다. 3을 지우고 2를 써서 같은 방 식으로 들여다 보며 '더 깊이~ 더 깊이'라고 마음을 갖는 다. 같은 식으로 1까지 마친다.

6) 이번에는 칠판에 100을 쓴다. 3초 정도 들여다보며 '더 깊 이~'라는 의념을 갖는다. 이후 99, 98, 97… 1까지 내려온다. 그러면 다시 같은 방식으로 100부터 거꾸로 숫자를 세며 1 까지 내려온다.

반드시 100부터 할 필요는 없고 50이든 20이든 자신이 원 하는 숫자부터 내려오면 된다. 15분 이상은 이렇게 해야 제 대로 효과가 있다.

하다가 숫자를 잊어버렸으면 적당한 숫자를 택해 다시 거 꾸로 세면 된다.

7) 명상에서 깨어나기 : 15분이 넘으면 '난 깨어난다~ 깨어나면 기분이 좋을 것이다~ 마음이 편안할 것이다' 라는 긍정적 마음을 갖는다. 그리고 하나, 둘… 다섯 하며 눈을 뜬다. 원래 상태로 회복된다.

8) 명상을 하다 잠이 들면 그냥 잔다.

9) 명상을 하기에는 저녁 잠들기 전, 아침 일어나서가 좋다.

이 방법을 똑같이 완벽하게 구사하려 하지 말고, 생각나는 대로 비슷하게 흉내만 낸다는 가벼운 마음으로 자연스럽게 변형해도 된다. 어떤 내과의사는 이러한 명상법이 건강에 큰 효과가 있음을 확인하고 매일 열심히 행한다.

쉽게 잠드는 간단한 방법은, 성냥개비 정도의 작은 물체를 손에 쥐고 그 손에 정신을 집중한다. 생각이 딴 데로 흐르면 부지불식간에 손을 펴게 되어 물체를 놓치고, 이를 재빨리 알아채기를 반복하면 어느 순간 잠이 든다. 잠이 옅어질 때 다시 물체를 쥐는 식으로 계속한다.

수면은 잠자는 장소나 머리 방향에도 영향을 받기 때문에 최적 방향 찾기도 해볼 만하다.

5) 시계를 들여다 보지 마세요

잘 무렵 시계를 들여다 보지 마라. '얼마나 오래 잤느냐'는 중요하지 않다. 내가 얼마나 가벼운 마음으로 어둠 속에 누워 밤을 지냈느냐가 중요하다.

휴식이든 수면이든 양보다 질이 중요하다. 마음이 가벼우면 없는 힘도 절로 솟는다.

메이저리그에서 11시간 30분에 걸쳐 더블헤더 두 게임을 치러도 이긴 팀은 몸이 날아갈 듯 가뿐함을 느끼지만 진 팀은 늙은 노새처럼 천근 만근 무겁다.

사람은 빵의 힘만이 아니라 정신의 에너지로도 산다. 마음을 비우면 날마다 기적이 일어난다.

3. 음악이 선사하는 힐링

음악이 식물의 성장을 촉진한다는 것은
인도 식물학자 싱프 교수에 의해 처음으로
입증되었다.

캐나다 유진 컨비는 바흐의 무반주 파르티타를 밀밭에 들려
줘 66%나 더 수확을 거뒀다 한다.

덴버의 한 연구팀은 클래식 음악을 듣고 자란 호박덩굴이 음
악이 흘러나오는 스피커 방향으로 뻗었고, 그 중 한 덩굴은 스피
커를 감싸기까지 했는데 록 음악에는 덩굴이 스피커 반대쪽으로
유리창을 타고 도주하듯 뻗어나갔다. 록 음악에 노출된 그룹이
물을 더 먹고 뿌리의 성장의 클래식 그룹에 비해 1/4에 불과했다.

일반적으로 식물들은 금속성의 타악기가 지배하는 불협화음
보다 현악기가 지배하는 조화음을 선호하며 영혼의 안정을 주
는 종교음악을 더 선호한다.

우리나라 농업진흥청에서 뽕나무, 양란, 해바라기, 당근, 시금치,상추, 무 등에 음악을 들려주며 키웠더니 최고 44%나 성장이 촉진되었다 한다.

사람의 기는 주변 사람에게 영향을 주는데, 특히 목소리에 가장 많이 실린다. 가족 상호간에 미치는 기의 상생 여부에 따라 온화한 가정이 되느냐 늘 시끄러운 전쟁터가 되느냐가 좌우된다. 좋은 음악이 생명체에 긍정적 영향을 주는 것처럼, 좋은 기운의 목소리는 주변 사람에게 좋은 영향을 미친다.

운전 중 청취하는 음악이 운전자의 행동변화에 미치는 영향을 조사했는데, 헤비메탈을 들은 운전자는 주행속도가 훨씬 빨라졌고, 힙합음악을 들었던 운전자는 공격적 성향을 띠었다. 운전자가 빠른 곡조의 음악을 들으면 박자에 맞춰 운전도 빨라지는 것이다. 이에 비해, 클래식을 들은 운전자는 산만한 모습을 보였다 한다.

4. 음악은 뇌손상 회복에 효과가 크다

뇌졸중이나 치매로 언어를 담당하는 뇌 부위가 손상되면 말을 못하게 된다. 그런데 음악을 담당하는 뇌 부위가 손상되지 않았다면 반복적으로 노래를 따라 부르다 보면 뇌 부위에서 언어기능이 새로 발달해 언어기능이 회복된다.

또한 음악이 기억을 담당하는 뇌 부위를 활성화시켜 이미 알고 있던 단어를 기억하게 도와줌으로써 치매환자들이 잃어버린 기억을 되살리게 한다.

음악을 들을 때마다 새로운 신경회로가 생성되기 때문에 뇌손상으로 인한 각종 장애를 치료하는데 음악이 놀라운 효과가 있다 한다.

5. 물에 대한 상식

1) 물에 대한 상식

맛이나 건강을 위해서 음식은 신선함이 생명이다. 생수도 마찬가지다. 명품생수란 병에 담은 지 얼마 안 된 신선한 물이다.

생수는 여러 대기업 브랜드를 동일업체가 주문자 상표 부착 방식으로 생산하기 때문에 큰 차이가 없으며, 더욱이 유통 중 햇빛 및 열에 노출되고 시간이 경과됨에 따라 용기에서 자연적으로 유해물질이 방출된다.

플라스틱 페트병에 물을 오래 보관할수록 인체에 유해한 화학물질의 농도가 높아진다. PET병은 그 자체의 성분들을 적게 방출하는 합성물체 중의 하나이기는 하지만, 모든 포장용기는 정도의 차이는 있지만 여러 물질들을 음식에 방출한다.

1) 페트병 안의 생수는 직사광선 아래에서 방치하는 경우 환경호르몬뿐 아니라 프름알데히드, 아세트알데히드 등의 발

암물질이 검출될 수 있다.

2) 독일의 윌리엄 쇼티크 교수가 전세계 132개 브랜드의 페트 병 물을 조사했는데, 보관기간이 길어질수록 백색 금속성 유해 화학물질인 '안티모니' 등 화학물질의 농도가 높아졌다. 유해 화학물질이 플라스틱 병에서 녹아 나오는 것이다. 안티모니는 소량으로 구역질과 어지럼증, 우울증을 유발할 수 있으며, 다량 섭취하면 치명적일 수 있다. 캐나다산으로서 매우 높게 정수처리 된 탈이온 생수에서조차 안티모니의 농도가 160 ppt였는데 6개월 뒤 2배로 높아졌다. 다행히 이는 캐나다 허용기준치 6,000ppt보다 낮은 수준이다.

시중 생수에서 섭취할 수 있는 미네랄은 한국인 미네랄 섭취기준의 0.4~1.0%에 불과하기 때문에 수입고가 생수나 해양심층수를 비싸게 사먹을 필요가 없다. 생수를 통한 무기질 섭취 역시 기준량의 3.5%로서 정상적인 식품을 통해 섭취하게 된다.

깨끗하고 간깐한 정수기 물은 대부분 증류수로 물에 필요한 미네랄이 없으며, 위생관리를 위해 사용하는 세척제도 꺼려진다. 보리차, 옥수수 등 직접 끓어먹는 것도 좋은 대안이다.

2) 물의 필요량은 체질마다 다르다

감기에 걸리면 우리 몸이 바이러스와 싸우느라 대사가 촉진되어 열이 난다. 인체는 체온조절을 위해 땀을 흘리며 수분을 외부로 배출한다. 물은 단위 그램당 가장 많은 열을 빼앗아 간다. 갈증이 나지 않더라도 충분한 수분섭취를 통해 탈수를 피해야 한다.

이렇게 우리 몸은 수냉식 구조로 체온을 조절 하기 때문에 물을 많이 마시면 수분배출을 통해 체온이 내려간다.

물을 충분히 마심으로써, 기관지 점막을 수분으로 촉촉하게 적셔줄 경우 감기 바이러스의 침투를 억제할 뿐만 아니라 감기에 걸렸을 때 가래 배출과 염증 억제 등 치료효과도 지닌다.

소음인의 경우 몸의 대사기능이 약해 충분한 열을 만들어내지 못하기 때문에 무턱대고 수분을 많이 섭취하기보다 따뜻한 물을 마시는 것이 좋다. 이렇게 체질마다 물의 필요량이 다르니 무턱대고 물을 많이 마시라는 말은 잘못된 말이다.

3) 알칼리성 물

알칼리성 물이 좋다는 것은 사실과 다르다. 식용수는 너무 산성이거나 알칼리성이지 않는 중성에 가까워야 한다.

알칼리 여부는 구분하는 것이 수소이온 농도인데, 사람의 혈액 수소이온 농도는 인종·성별·나이에 상관없이 똑같다. 우리 몸의 수소이온농도 지수(pH)는 누구나 7.4이고 여기서 0.2만 차이가 나도 생명에 위협을 받는다.

식품을 산성과 알칼리로 구분하는 것도 완전연소 때 부산물에서 나오는 성분으로 구분하는데, 우리가 먹는 식품이 몸에서 모두 연소가 되는 것이 아니기 때문에 식품을 산성과 알칼리로 나누는 거는 의미가 없다. 식초는 화학적으로 산성인데 이를 알칼리성이라고 하는 것은 잘못된 거다.

6. 운동

1) 아프면 걸어라, 누우면 죽고 걸으면 산다

타이어는 자동차 바퀴에서 굴리면 수년도 넘게 사용할 수 있지만 사용하지 않고 방치된 타이어는 쉽게 삭아버린다.

누우면 죽고 걸으면 산다. 아프면 걸어라, 죽을 각오로 걷다 보면 죽을 사람도 산다.

조선시대 사상체질의 이제마 선생이 양반들 병을 치료할 때 안방 멍석 위에 자갈을 깔아놓고 그 위를 걷게 했다. 잘 먹고 운동이 부족한 양반에게 발바닥을 자극시켜 병을 치료하려던 목적이었다.

2) 운동시간과 효과

운동을 한번에 긴 시간 동안 하는 것과 여러 번에 걸쳐 하는 것은 차이가 없다.

한 연구에 의하면, 30분 동안 한번에 운동하는 것과 10분씩 세 번에 걸쳐 운동했을 때 혈압, 혈당, 혈중 콜레스테롤 등의 건강측정 수치의 개선 정도가 비슷한 것으로 나타났다.

너무 강도 높은 운동을 몰아서 한꺼번에 하는 경우는 몸에 집중적인 무리가 가해지지 않도록 유의해야 한다.

3) 운동이 새로운 신경세포을 생성한다

미국 컬럼비아대학 메디컬센터 신경과전문의 스카트 스몰 박사는 적절한 운동이 뇌의 기억중추에 새로운 세포를 만든다고 주장했다.

그는 건강한 성인 11명을 대상으로 석 달 동안 에어로빅을 시켰더니 운동을 할수록 기억중추의 혈류량이 늘어나면서 새로운 신경세포가 생성되고 있음을 확인했다 한다.

4) 운동도 제대로 하고 물도 챙겨 드세요

수분이 부족해도 나이가 들수록 혈액의 농축을 감지하는 센서가 노화되어 갈증을 민감하게 느끼지 못한다. 목이 마르지 않아도 물을 찾아 마셔야 하는 이유이다.

우리 몸에서 물의 역할은 생활에서 물의 역할과 유사하다. 상수도를 통해 물이 공급되듯이, 체내 수분은 우리 혈관을 통해 세포에 산소와 영양을 공급하고, 체외로 배출 될 때는 노폐물을 함께 처리한다.

신진대사를 활성화시켜 면역력을 높이고 건강을 유지하기 위해서는 물이 혈관을 통해 혈액과 림프액을 몸 구석구석에 보내야 한다. 이를 위해서는 체내의 순환펌프를 자극 해줘야 하는데, 이 역할을 운동이 하는 것이다.

운동을 하면 신진대가 활발해져 땀이 나고 혈액은 혈관을 통해 시원하게 순환한다. 운동할 때 특히 당뇨, 고혈압, 심장병 등 성인병이 있다면 더욱 수분섭취가 중요하다. 수분 섭취는 운동 전, 중간, 후 알맞게 나눠 마신다.

의자에 장시간 앉아 있으면 다리 정맥에 피가 돌지 않고 정체되어 고인 피가 젤리처럼 굳어 혈전이 생길 수 있다. 일어나 움직이는 순간 이 혈전이 정맥을 타고 심장에서 폐로 가는 동맥을 막아 급성호흡부전으로 심장마비가 발생한다. 이의 예방을 위해 1시간 간격으로 일어나 스트레칭을 하고 혈액농축을 방지하기 위해 충분히 물을 마신다.

5) 지나친 운동은 오히려 건강에 독

35세 이상이 성인이 운동만으로 살을 빼려면 하루에 네 시간 정도는 해야 체중감량이 가능하니 직업 운동선수가 아닌 보통 사람은 어려운 양이다.

파리를 두 그룹으로 나눠 한 그룹은 비좁은 공간에 가두어 날지 못하게 해서 운동량을 제한하고, 다른 쪽은 공간에 제약을 두지 않았다. 그러자 운동량이 적었던 그룹의 수명이 3배가 길었다. 운동으로 인해 짧은 시간에 유해 활성산소가 과다배출 되고 이것이 노화와 관련관 될 수 있다.

알맞은 운동이 근력, 체력, 심폐기능을 강화시켜주기는 하지만, 잘못된 격한 운동은 오히려 건강을 해칠 수 있다.

6) 사상체질에 따른 운동

미국에서 대규모 전문 인력을 동원해 연구한 결과에 의하면 운동이 건강에 유익하다는 일반적인 믿음과 달리 약 10%의 사람에게는 오히려 건강을 해친다는 의외의 결과가 나왔다.

사상의학적인 측면에서 보면, 땀을 많이 흘리면 좋지 않는 소음인은 활동성이 떨어지기 때문에 운동이 오히려 건강을 해칠 수 있으니 적당량의 운동이 필수적이다.

미국인은 동양과 달리 인구에서 태양인 및 소양인 비율이 70% 임을 감안해 소음인 비율이 10% 정도라 상정하면 미국에서 시행한 실험결과와 사상의학적인 관점이 일맥상통하는 면이 있다.

7. 건강과 공기오염

1) 생활용품에 함유된 화학물질

전문가들은 비만에 대한 해결책으로 건강한 식사와 규칙적 운동을 첫째로 꼽는다. 그런데 Mount Sinai Medicals Center 의사들에 의하면, 많은 일상 미용용품이 체중증가를 야기할 수 있다고 한다.

샴푸, 화장품, 비누의 약 70% 제품들의 원료에 함유된 프탈레이트라는 성분이 내분비교란 물질로 작용해 신체의 자연적인 체중조절체계에 손상을 야기해 체중증가를 야기할 수 있으니 사용을 최소화하고, 특히 향기 없는 혹은 유기농 제품을 선택하라고 한다. 이연구팀은 음식용기에 많이 사용하는 비스페놀 A에 대해서도 경고한다.

2) 차량냉방과 올바른 환기법

차에 타자마자 에어콘을 켜지 마라. 차량에어콘을 켜기 전에

차 안의 뜨거운 공기를 몰아내기 위해 창문을 내려라.

왜냐면 고온의 밀폐된 차 안에서는 계기판, 좌석, 그리고 공기청정기조차 발암독성물질을 내뿜는다. 벤젠은 암을 유발할 뿐만 아니라 뼈를 망치고, 빈혈을 유발하고 백혈구 수치를 감소시킨다.

3) 실내공기 환기의 중요성

요즘 건물은 단열성능이 향상된 건축기법 탓에 실내공간이 밀폐되어 휘발성 유기화합물이 실내에 정체되기 쉽다. 건축자재를 붙일 때 사용하는 접착제 등에서 최장 10년까지 유해물질이 방출되기도 한다.

이는 실내에서 주로 근무하는 사람에게 알레르기, 두통, 불면증, 호흡기질환 등 빌딩징후군(building syndrome)을 발생시키는 원인이 된다.

새집 증후군은 새로 지은 집이나 리모델링, 인테리어공사를 한 집에서 건자재, 가구, 가전용품 등이 인체에 해로운 각종 휘발성 물질을 뿜어내 실내를 오염시키고 질병을 일으켜 피해를 입히는 현상을 말한다. 눈이 따갑거나 머리가 아프고 천식, 아토피 성피부염 등이 나타나면 새집 증후군을 의심할 필요가 있다.

창문을 열어 자주 실내공기를 환기시켜라. 특히, 직장생활로 낮 시간 집을 비운 경우는 집에 들어설 때 반드시 환기를 시킨다

4) 튀길 때 연기가 폐암의 원인이 될 수 있다

흡연을 하지 않는데도 폐암에 걸리는 비율이 전체 폐암 환자 가운데 우리나라가 25%, 서구의 경우에도 7%에 이른다. 이들이 폐암에 걸리는 것은 음식 조리와 관련이 깊다 한다.

기름을 사용하여 음식을 굽거나 튀기는 과정에서 발생하는 아크롤레인이라는 화합물질이 강력한 발암물질이다. 아크롤레인은 기존에 알려져 왔던 담배의 발암물질보다 최고 1만 배 이상 더 독성이 강한 것으로 알려졌다.

튀김처럼 기름이 들어간 음식이 공기 중에 노출되어 산패되는 과정에서도 발생되기 때문에 신선한 기름을 쓰고 튀긴 음식은 바로 먹는 것이 좋다.

가정집에서 집안 방문과 창문을 모두 닫은 채 거실에서 가스 기구로 음식을 조리하다 산소부족으로 질식해서 119 구급차가 출동한 사례도 있다. 특히 조리시는 창문을 열어 실내공기를 하도록 유의한다.

5) 미세먼지 및 자동차 배기가스

고층빌딩이 밀집한 테헤란로는 자동차 통행량이 많은 시간대에 자동차에서 뿜어져 나온 대기오염 물질이 빌딩숲에 갇히는 효과로 인해 교통량이 적은 지역에 비해 13.8배나 오염도가 심하다. 주오염원인 자동차 배기가스에는 암을 유발하는 치명적인 오염물질이 가득하다. 차량 통행량이 많고 빌딩숲으로 둘러 쌓인 도심을 지날 때는 창문을 닫고 운행한다.

적지 않은 직장인들이 발작성 급성 천식으로 기침이 계속되어 시달린다. 이는 사무실 주변의 과다한 차량통행량 및 각종 공사현장에서 발생하는 미세먼지(PM10)이 주요 원인이라 한다.

중국의 급속한 산업화로 인해 불청객 황사의 발생빈도가 잦아지고 황사에 함유된 미세 먼지가 건강에 큰 위협이 되고 있다.

미세먼지 농도가 높은 곳에 사는 사람일수록 뇌 인지기능 퇴화 속도가 빠른 것으로 나타났다.

미세먼지는 폐, 호흡기, 피부, 눈뿐 아니라 심장이나 뇌에도 침투해 망가뜨릴 수 있다 한다. 미세먼지는 황사처럼 자연 발생적인 것도 있지만 생활주변에서 자동차 배기가스, 공장의 연기, 가스레인지, 숯불, 담배, 모기향 등에서도 발생한다.

미세먼지의 피해를 줄이려면 가스레인지 사용시는 실내환기를 잘 하고, 황사가 심할 때는 외부활동을 줄이며, 집안에 식물을 키우면 75% 정도가 감소 한다. 특히 날씨가 청명할 때는 산을 찾아 신선한 공기를 듬뿍 마시는 여유도 가질 일이다.

6) 콘크리트가 가진 독성과 인체에 미치는 유해성

콘크리트가 가진 독성은 인체에 유해하다. 알레르기와 천식으로 고통받던 아이들이 흙집 유치원에 다닌 후 말끔히 나았다 한다.

8. 아침 굶기가 건강에 유익한가?

아침을 굶은 것이 건강에 이로운가 해로운가?

부실한 식사로 충분한 영양공급이 되지 않는 경우 인체가 에너지원을 끌어다 쓰기 위해 근육, 뼈, 뇌, 장기의 순으로 제지방 손실이 일어난다는 면에서는 굶지 않는 것이 좋다.

그러나 식사량을 줄이는 경우 이에 대응하여 인체의 대사 시스템도 칼로리를 덜 소모시키는 메커니즘이 작동하기 때문에 제지방 손실이 완화되는 측면이 있다.

따라서 영양이 부실한 고칼로리 가공식품을 배제한 균형 잡힌 건강한 자연식 음식을 제대로 섭취한다면 하루 한끼를 줄여도 건강상에 큰 문제가 없다.

음식물을 섭취하면 소화를 위해 체내의 에너지와 혈액이 위와 장으로 몰려 상대적으로 뇌로 가는 양이 줄어들어 무기력감,

졸음 등으로 집중력이 저하된다. 당연히 업무효율이 저하되고 시간을 낭비한다.

제대로 된 두 끼, 혹은 몸에 피로가 나타나지 않을 정도로 간단한 간식을 한다는 가정하에서 아침 굶기는 업무집중력 제고로 능률을 극대화시킨다.

위는 우리 주먹만한 크기이니 이를 채울 정도의 음식량이면 되는데, 음식이 풍요로운 시대이다 보니 위가 늘어난 상태에서 다 채워야 포만감을 느끼게 된다. 이로 인해 대부분 필요량 이상의 칼로리를 섭취한다. 따라서 늘어난 위가 본래의 주먹만한 크기로 돌아오려면, 서서히 줄이면서 상당 기간의 적응기간이 필요하다. 갑자기 식사량을 줄이면 인체의 영양시스템은 적응을 못하고, 위는 심한 공복감으로 아우성치며 폭식을 야기한다.

충분히 적응된 상태에서 영양의 균형을 갖춘 한끼 거르기는 지식 노동자에게 시간과 건강을 선사한다.

9. 식사

" 약은 본래 독인데, 소량을 쓰니 약이 되는 것이다. 음식이 약
이니 음식도 양이 지나치면 독이 된다. "

1) 소식이 좋은 이유

과식을 하면 세포내 활성산소 생성이 많아져 생체조직을 공격
하고 세포를 손상시킨다.

식사량을 줄이는 경우 이에 대응하여 인체의 대사시스템도
칼로리를 덜 소모시키는 메커니즘이 작동한다.

주먹만한 위가 현재의 늘어난 상태에서는 다 채워져야 포만감
을 느끼는데, 본래의 크기로 되돌아 오기 위해서는 점차적으로
식사량을 줄여야 인체의 영양시스템이 탈없이 적응한다.

배가 '꼬르륵' 소리가 날 때까지 음식을 절제하면 신체의 적응

으로 인해 면역력이 강화된다.

소식은 현재까지 알려진 가장 확실한 장수 방법이다.

소식과 장수의 연결고리는 세포들이 느끼는 '위기감'이다. 세포는 평상시 자기보존과 세포재생에 에너지를 나눠 쓴다. 식사량이 적어지면 생존의 위기감을 느낀 세포들은 재생에 쓰던 에너지까지 유지보수 쪽에 투입하기 때문에 세포 소멸이 줄어들고 이는 곧 수명 연장으로 이어진다.

물론 무조건 적게 먹는 것이 최선은 아니다. 소식을 한답시고 고열량 정크푸드로 때우면 비만이 심화된다. 식사량을 크게 줄이는 대신 제대로 된 식사를 통해 비타민, 미네랄 등 필수영양소를 충분히 섭취해야 한다.

영양결핍을 초래할 정도로 음식물을 억제하면서 활동량은 평상시대로 유지하면 인체는 에너지원을 얻기 위해 제 지방(근육, 뼈, 뇌, 장기)이 손실된다. 특히 단식 후 본능적으로 폭식을 하기 때문에 오히려 단식으로 몸을 망치기 쉽다

2) 소식을 위해 오래 씹어먹어라

잘 씹어 먹으면 식사시간이 길어져 소화기관에서 흡수되는 포도당의 양이 증가하고 혈당치가 높아져 포만중추가 자극을 받아 포만감을 느끼게 되어 과식을 피할 수 있다.

밥 한 숟갈에 최소 30번은 씹어라. 씹을 때 분비되는 침은 입 안을 부드럽게 해 음식물을 씹고 삼키게 하고, 치아·구강 점막의 미생물, 음식찌꺼기 등을 세척할 뿐 아니라 항암작용까지 한다.

78kg에서 47kg으로 몸무게를 무려 31kg이나 줄인 어느 주부의 감량 노하우는 천천히 씹는 식습관이었다.

3) 왜 소식이 어려운가

맛있는 음식을 먹으면 뇌의 신경세포는 마약을 했을 때처럼 쾌감을 느끼게 하는 도파민이 분비되는데, 뚱뚱한 사람은 도파민을 받아들이는 수용체가 감소한 상태라서 정상인 사람과 동일한 량의 쾌감을 느끼려면 더 많이 먹어야 한다.

이뿐 아니다. 식욕촉진 호르몬인 그렐린은 음식을 먹어라는 신호를 뇌로 보내는데, 식욕억제 호르몬 렙틴은 뇌에 포만감 신호를 보내 그만 먹게 한다. 그런데 뚱뚱한 사람은 조금만 체중이 줄어도 바로 식욕촉진 호르몬 그렐린은 증가시키고 식욕억제 호르몬 렙틴은 감소해 더 먹게 된다.

이렇게 우리 몸은 과체중을 조장하도록 진화되었다.

4) 일주일에 한두 번은 저녁을 거른다

꼬박꼬박 세 끼를 챙겨 먹어야 한다는 고정관념을 버려라. 일주일에 한두 번은 저녁을 거른 채 잠자리에 든다. 처음에는 허기가 지고 기운도 없어 다소 힘들지 모르지만 점차 몸이 가벼워지고 피부도 좋아지는 것을 느끼게 될 것이다.

저녁을 거르면 칼로리 섭취가 줄어들게 되고 이로 인해 자연히 신진대사율도 낮아지기 때문이다. 즉 우리 인체는 일찌감치 하루를 마감하고 재충전의 시간을 갖게 되며 수면촉진제인 멜라토닌 호르몬을 분비하기 시작한다. 멜라토닌은 피부미용과 탈모 예방에도 좋을 뿐더러 암 발생을 억제하는 데도 좋다.

아침에 일어나더라도 인체는 에너지 절전모드 상태이기 때문에 적은 식사량으로 넘길 수 있다.

5) 중장년의 식생활

(MD앤더슨 암센터 종신교수 김의신 박사 인용)

1) 담배보다 몸에 나쁜 것이 동물성 기름이다. 피자나 핫도그 등 기름에 튀긴 음식, 지방이 많은 삼겹살 등은 가급적 피해야 한다.

2) 20대에는 동물성 기름을 먹어도 분해 효소가 왕성하게 분비돼 문제가 없다. 40대가 넘어가면 몸에서 분해 효소도 적게 나오고, 인슐린도 적게 나온다. 그래서 전반적으로 식사량을 줄여야 한다. 소식(小食)해야 한다. 삼겹살도 양을 줄여야 한다. 몸은 40대인데 20대 때 먹던 습관대로 먹으면 곤란하다.

3) 나이가 들수록 혈관에 콜레스테롤이 쌓인다. 혈관벽에 기름이 찬다. 그런데 그게 들러붙어 있다가 어느 순간 뚝 떨어진다. 그리고 몸 안을 돌다가 조그만 모세혈관에 가서

달라붙는다. 뇌에 가서 들러붙으면 중풍이 오고, 치매가 온다. 간에 기름이 끼면 지방간이 되고, 간암이 된다. 췌장에 기름기가 차면 당뇨병이 생긴다.

4) 동양인은 겉모습이 그다지 뚱뚱해지진 않는다. 대신 기름기를 많이 먹으면 내장에 기름이 찬다. 내장지방이 된다. '겉으로 보기에 나는 뚱뚱하지 않으니까 먹어도 되겠지'라고 다들 생각한다. 그건 큰 착오다.

5) 흰 쌀밥은 완전히 흰 설탕이라고 보면 된다. 설탕을 숟가락으로 먹는다고 생각하면 된다. 실제 쌀밥을 오래 씹어 보라. 그럼 단맛이 난다. 내가 직접 실험도 해봤다. 흰 쌀밥만 먹고 나서 당을 측정하면 확 올라간다. 그런데 잡곡밥을 먹고 당을 측정하면 내려간다.

6) 김치 많이 먹으면 성인병 위험이 높다고?

이유는 김치를 많이 먹으면 밥 등 곡류를 같이 많이 먹기 때문에 비만·고혈압·고지혈증 등 만성질환에 걸릴 위험이 커진다. 40대보다 신체면역력이 감소하는 50, 60대에서 그 위험이 더 높다.

지방간이란 알코올 섭취량이 적음에도 간에 지방이 5% 이상 넘은 경우인데, 이는 만성 간 질환뿐 아니라 당뇨·고혈압·심혈관 질환·뇌졸중의 위험을 높인다. 비알코올성 지방간을 예방하기 위해 탄수화물 및 당류 섭취량을 줄이는 것이 효과적이다.

탄수화물 섭취를 줄이기 위해서는 작은 밥그릇, 정제곡류 대신 잡곡·통밀을 택하고, 당류섭취량을 줄이기 위해서는 가공식품을 피하고 시중음료보다 물이나 차를 마신다.

다양한 재료로 잘 숙성된 김치는 최고의 건강식품이다. 문제는 김치와 함께 하는 큰 밥그릇이다!

7) 소금과의 전쟁

짜게 먹는 아이들은 나트륨 과다섭취로 인해 삼투현상으로 물이 혈관으로 많이 유입되어 혈압을 올릴 수 있고, 이로 인해 혈관손상이 발생한다. 또한 칼슘이 소변으로 배출되어 성장기의 뼈가 부실해질 수 있다.

소금(나트륨)의 과잉섭취가 한국인 사망원인 1~3위를 다투는

암·뇌졸증·심장병을 일으키는 데 결정적 영향을 준다. 트랜스 지방도 위험하지만 전통·식단을 즐기는 한국인에겐 소금, 즉 나트륨 위험에 더 노출되어있다.

1978년 핀란드 국민들이 하루 평균 15g을 섭취하던 소금 양이 2006년에는 7~8g으로 떨어져 세계보건기구(WHO) 권장량인 5g에 근접했고, 심장·뇌 관련 질환 발병률이 1/5로 줄었다

나이가 들면 미각이 둔해지면서 음식을 짜게 조리하는 수가 많으며, 떨어진 식욕을 돋우기 위해 일부러 짭짤한 음식을 선호하는 경우도 많아 특별한 주의가 필요하다. 음식이 뜨거울 땐 짠맛을 덜 느끼니 식은 후 간을 맞추는 게 좋다.

미국 심장학회가 선정한 6대 짠 음식

1) 식빵·롤케이크 등 제과류
2) 햄·소시지 등 가공육류
3) 치즈 등 토핑이 많이 된 피자
4) 통닭·구운 오리 요리
5) 캔수프
6) 샌드위치·햄버거 등 패스트푸드

소금섭취를 줄이기 위해서는 과일과 채소를 충분히 먹는 식생활이 바람직하다.

8) 건강한 밥상 이상의 건강법이 없다

영국 과학잡지 New Scientist는 "비타민제는 실험실 안에선 강력한 항산화 작용을 하지만 사람 몸 안에 들어가면 오히려 건강을 해치기도 한다"고 했다. 사과속의 비타민C와 약국에서 파는 비타민C의 차이처럼 현대과학으로 입증하지 못하는 자연의 신비다.

스웨덴 카롤린스카 의대 연구진에 의하면, 비타민 C, E는 백내장 예방에 효과가 있지만, 그러나 보충제를 통해 과잉 섭취하면 백내장 발병률이 높아진다. 자연 함유된 식품을 통해 섭취되는 경우는 문제가 없다.

폐경기 여성이 건강과 젊음을 위해 투여하는 여성호르몬 역시 치명적 부작용을 인체에 야기한다.

식물의 특정 성분이 몸에 좋은 작용을 한다는 것은 맞지만, 인공적으로 이를 추출하는 과정에서 화학 처리를 해야 하고, 또한 그 한가지 특정 성분이 독립적으로 작용을 하는 것이 아니기 때문에 식물에서 별도로 추출해서 섭취 하는 것은 좋지 않다.

누군가 나에게 횡재를 안겨준다면 수상쩍은 것처럼, 내 몸에 놀랄만한 효과를 주는 가공식품은 감춰진 부작용을 의심하라. 건강은 적당한 운동과 올바른 식사, 마음의 평화 이외의 매직이 존재하지 않는다.

음식의 과유불급(過猶不及)

① 소련의 원조에 의존하던 쿠바 경제는 1991년 소련의 붕괴로 경제원조가 끊기면서 90대초 큰 타격을 받았다. 이로 인해 식량이 부족해졌고 교통연료 부족으로 신체활동이 증가해 국민의 평균체중이 5.5kg이나 감소했다. 그 결과 1991~1995년 사이에 당뇨 사망자는 1/2로 줄고, 심장병 사망자는 1/3으로 감소했다.

② 장수마을에 사는 80~90세 노인들 보면 물에 밥 말아서 고추장에 멸치 몇 개 찍어 먹고 풋성귀에 된장 싸 먹는 정도다. 몸은 정직하다. 소박함, 적당한 활동, 마음 편한 것 이상의 건강비법이 없다

10. 다이어트

> 효과 있는 다이어트 약이나 식품은 없다.
>
> 있다면 반드시 부작용을 수반한다.

살이 찐다는 것은 지방세포가 증가하고 그 지방세포의 크기가 비대해지는 것을 의미한다. 생성된 지방세포 숫자는 절대 줄어 들지 않는다.

살이 빠진다는 의미는 지방세포 숫자는 그대로이고 크기가 작아지는 것을 의미할 뿐이다.

지방세포의 크기가 줄어들려면 :
　① 식사량을 줄인다
　② 건강으로 세포 내 미토콘드리아가 지방을 제대로 태운다.
　③ 운동만으로 살을 빼려면 하루 네 시간 이상 해야 하는
　　데 골병든다.

결국 약물이나 수상한 건강식품으로 살 빼면 심각한 부작용

을 수반한다. 혹은 영양결핍을 초래할 정도로 음식물을 억제하면 필요한 에너지원을 얻기 위해 제지방(근육, 뼈, 뇌, 장기)이 손실된다. 어떤 경우든지 요요현상을 피할 수 없다.

균형잡힌 소식으로 칼로리섭취를 최소화하고, 적절한 운동을 통해 건강한 세포내 미토콘드리아 활동강화가 최선의 다이어트 방법이다.

칼로리 섭취 최소화, 영양균형, 미토콘드리아 활동 활성화를 위해서는 건강한 밥상이 좋고, 야채효소도 등을 보조적으로 이용할 수 있다.

〈 바보가 되는 방법 〉

밥통(=위)이 나쁘면 진짜 밥통(=바보)이 된다.

11. 건강 단문 모음

1) 휴대폰 전자파

지난 2011년 5월 세계보건기구(WHO)는 휴대폰 전자파가 암을 유발할 가능성이 있다고 발표한 바 있다. 최근의 연구에 의하면 휴대전화의 전자기파는 코 안의 점막에 있는 섬모운동을 방해해 감기의 원인이 될 수도 있다 한다.

- 잠잘 때 머리로 흡수되지 않도록 휴대폰은 머리맡에 두지 않도록 한다.
- 얼굴에 휴대폰을 밀착시켜야 하는 음성통화보다는 문자메시지를 사용한다.
- 얼굴 한쪽에 오래 대기보다 오른쪽과 왼쪽을 번갈아가며 사용한다.
- 음성통화 때는 이어폰과 마이크를 사용한다.
- 지하실, 엘리베이터, 깊은 산골 등 휴대폰과 기지국의 거리가 멀어 휴대폰의 수신 신호가 약해지면, 휴대폰은 전자파를 더 많이 발생하게 된다.
- 통화연결 중 전자파가 더 세다. 받을 때까지 귀에서 멀리

떨어뜨리기.

- 빠른 속도로 이동 중인 지하철·버스 안에서 전자파가 7배
  나 강하다.
- 임신부는 복부에서 휴대전화를 멀리 떨어뜨려 두기
- 어린이·청소년은 성인보다 민감하니 용건만 간단히 통화.

2) 나이 많은 남성의 출산

여성은 평생에 쓸 난자를 한꺼번에 가지고 태어나 필요할 때
마다 배란한다. 남성은 평생 새로운 정자를 만들어 내기 때문에
노화에 따른 유전자 결함이 바로 정자생산 때 반영된다.

너무 늦게 자녀를 두려는 남성이 고려해야 할 사항이고 카리
스테판손(Kari Stefansson) 박사가 설명했다.

3) 간지럽다고 귀청소 하지마라

귀지는 스스로 청결을 유지하는 메커니즘이다. 귀지는 귓속
에 유입된 박테리아 및 먼지와 함께 턱이 움직이는 과정에서 밖
으로 밀려나가 귓구멍 근처에 다다르면 말라비틀어져 자연스럽
게 밖으로 떨어져 나간다. 그러니 귀지는 특별히 불편한 증세를

일으키지 않는 한 내버려두는 게 더 낫다.

뉴욕주립대 의료원 이비인후과의 리처드 로젠필드 박사는 자신의 치료목적으로 병원에 가면 의사에게 '내 귀지가 좋으니 그냥 내버려 두라'고 한다.

4) 기차, 버스, 지하철을 타면 왜 피곤할까?

이들 대중교통은 록밴드나 착암기가 내는 만큼의 큰 소음이 난다. 그것이 저주파 소음이라서 우리가 귀로 듣지는 못하지만 온몸으로 느껴 장시간 노출시 스트레스를 받을 때 나오는 아드레날린 호르몬 분비가 증가하고 깊은 잠을 이루지 못한다.

5) 호르몬요법의 부작용

여성은 폐경기 이후 여성 호르몬이 급격히 감소해서 여러 가지 건강문제가 발생하는데, 이를 완화하려고 외부에서 호르몬을 투여하는 호르몬요법이 있다. 이 같은 인공 합성호르몬은 눈에 보이는 증상을 잡는 듯 보이지만, 동시에 다른 치명적 부작용을 인체에 야기한다.

식물의 특정 성분이 몸에 좋은 작용을 한다는 것은 맞지만, 인공적으로 이를 추출하는 과정에서 화학처리를 해야 하고, 또한 그 한가지 특정 성분이 독립적으로 작용을 하는 것이 아니기 때문에 식물에서 별도로 추출해서 섭취 하는 것은 좋지 않다.

여성이 건강하고 아름답게 살기 위해서는 호르몬 투여보다 아름다운 꽃 한 다발이 더 효과적이다.

6) 감기약의 오남용

감기에 걸렸을 때 빨리 나으려는 욕심으로 종합감기약을 많이 복용해서는 안 된다. '감기는 약 먹으면 일주일 가고, 약 안 먹으면 7일 간다'는 우스개 소리가 있다. 감기는 독감과 달리 예방백신도 없고 치료약도 없다. 감기약은 감기로 인한 증세인 콧물, 기침, 가래 등을 완화시킬 뿐 감기바이러스에 대한 원인치료제가 아니다.

감기로 인해 나타나는 이러한 증세는 바이러스를 몸 밖으로 쫓아내려는 인체의 자연방어 현상인데, 대신 약물에 과도하게 의존할 경우 오히려 인체의 자연치유력이 약해져 오래 질질 끌며 고생할 수 있다.

저자는 감기에 걸리면 아스피린 등 진통소염제 한두 정도로 지나간다.

7) 정크푸드의 위험성

어릴 때부터 하루 세끼를 감자튀김, 버터를 바른 토스트, 통조림 콩 등 가공식품만 먹던 영국의 20세 스코트 마틴이 영양부족에 따른 간질환으로 숨졌다. 과일이나 채소는 거의 먹지 않았다 한다.

그의 사인은 중증 알코올 중독자에게 나타나는 자가면역 간염에 따른 간경변인데, 극단적인 식습관이 원인이라 한다.

8) 칫솔질할 때 입 잘 헹궈야 하는 이유

치약을 사용 후에는 잘 헹구는 것이 중요하다. 치약에는 치석제거와 광택을  위한 세마제, 계면활성제, 결합체, 습제, 향제, 감미제, 착색제, 방부제, 약제 등 여러 가지 화학 성분이 들어 있다. 계면활성제는 구강 내 점막을 건조시켜서 구취의 원인이 되는데, 양치질 후 입안이 마르는 것을 느끼는 것도 이 때문이다. 따라서 사용 후에는 잘 헹구는 것이 중요하다.

칫솔에 때때로 치약대신 소금 사용도 병행할만하다. 치약 사용 후는 편백 피톤치드액을 분사하는 것도 권장할 만한 방법이다. 분사 후 피톤치드액을 뱉거나 헹굴 필요는 없다.

9) 키 크는 올바른 생활습관

잠자기 전 먹게 되면 혈당을 올릴 필요가 없어 성장호르몬분비가 잘 안 된다. 성장호르몬은 약간 공복 상태에서 잘 분비된다.

비만으로 인한 성조숙증도 성장을 방해한다. 스트레스도 성장호르몬 분비을 위축시키니 아이가 잘 뛰놀고 긍정적인 마음을 갖도록 이끌어준다.

10) 소금섭취량에 대한 지나친 염려에 대하여

고혈압 환자군에 대한 실험에 의하면 지나친 저염식은 오히려 혈압을 높여 심장마비 위험을 높인다(1998, 마이클 올드만). 지나친 저염식은 백혈구의 활동력을 저하시켜 염증이 급증한다.

과다한 소금 섭취는 건강에 해롭지만, 지나친 섭취량은 우리 몸에서 자연적으로 거부하게 마련이다. 소금을 피하는 것보다 천일염의 적당량 섭취는 바람직하다.

진짜 문제는 과식이다. 과식을 하면 소금뿐 아니라 다른 성분들도 과다섭취되어 몸에 과부하가 걸려 시달린다.

12. 생사람 잡는 입소문

내 주변 지인이 100명이라면, 이 100명은 2단계에서 다시 그들의 100명과 연결되는 식으로 4단계에서 100,000,000명이 된다. 그러니 우리나라 인구가 50,000,000명이니 한국에서 3~4명만 거치면 모두 연결된다는 의미다.

특히 우리 나라는 좁은 땅덩어리에 더해 긴밀한 사회적 유대관계를 맺으며 살아가는 민족이라서 여론이나 유행 같은 대중적 사회현상인 행동감염이 매우 빠르고 강하게 나타난다. 소문이 삽시간에 퍼져 나가고, 사람의 행동이 집단적으로 쉽게 감염되는 이유가 여기에 있다. (이상 '작은 세계현상과 행동감염에 대한 정의)

건강식품과 관련해, 왜 사람들은 근거가 희박한데도 떠도는 비방에 솔깃한가? 누군가에 어떤 건강식품이 기가 막히게 효과가 있었고 그 우연적인 건강효능이 여러 단계를 거쳐 입소문을 타면서 과장되고 정설로 굳어지기 때문이다. '작은 세계현상과 행동감염의 맥락이다 어떤 질병이 있는 특정 체질의 사람에게 분명히 탁월한 효과를 주는 특정 식품이 있긴 하다. 가령, 저자는 오가피를 다려 마시면 놀랄 만큼 건강 회복효과가 있다. 그런데 이 오가피는 일부 체질에만 탁월한 효능이 있다. 시중에 나오는 오가피엑기스 제품 성분을 보면 다른 한약제가 포함되어 있기 때문에 무작정 오가피 성분만 믿고 먹다가 부작용이 염려된다.

석류는 노화억제 성분인 비타민 E가 많아 귀한 건강식품으로 대접받는다. 이 석류도 소양인 체질에는 탁월한 효능이 있지만, 태양인 체질에는 엑기스 과다복용 시 몸에 부분적 마비가 올 수 있을 만큼 부작용이 있다.

매실, 모두가 탄복하며 하늘의 축복이라 칭송한다. 매실엑기스는 체질에 상관없이 속을 다스리는 치료목적으로 한두 번 먹는 것은 괜찮다. 매실 고추장까지 등장했는데, 그 고운 빛깔에 맛 역시 일품이다. 그런데 이 매실 고추장이 열이 넘치는 체질인 태음인, 태양인이 상복하면 좋지 않다. 소음인과 태음인의 차이는, 소음인은 자체적으로 열을 만드는 능력이 약하지만, 태음인은 몸에 열은 넘치는데 열성식품인 고추장 정도는 그런대로 괜찮지만 매실은 강한 불을 때는 격이다. 이런 체질에 고추장과 매실이 만나면 그야말로 물이 바닥난 가마솥에 불을 세게 때는 격이다.

그렇지만 약 혹은 식품이라는 것은 쓰임새가 절대적인 것이 아니다. 태음인이라도 차가운 성분의 약을 쓸 때는 몸을 데워주는 용도로 매실을 보조적으로 사용할 수 있다. 반대로 열을 내는 성분을 쓸 때는 몸을 식혀주는 성분을 보조적으로 사용한다.

이러한 원리가 항시 적용되는 것은 아니다. 이전에 잘 먹었다고 똑 같은 방식이 통하는 것은 아니다. 인체의 생화학작용은 끊임없이 변화를 거치기 때문에 현재 몸의 진행 상태에 맞춰 성분 간 적절한 더하기 빼기 곱하기 나누기의 개념이 적용된다. 교과서 밖의 이런 이치를 제대로 응용하고 구사할 수 있는 능력은 아주 드물다. 환자를 보면 반짝 영감이 스치는 명의가 드문 이유이다. 명의는 그냥 지식으로만 병을 보는 것이 아니다. 오감 이상의 예리한 통찰이 병자의 상태를 짐작하게 하고 드물지만 치유의 기가 작용하는 경우도 있다.

진짜 어떤 음식이 만병통치로 모든 이에게 좋다면 그 음식은 모든 가정에 퍼지고 모두가 즐길 것이다. 그러나 어떤 것도 우리 식생활을 지배할 만큼 압도적인 음식이 없음을 보라. 한 때 좋은 건강식이라고 회자되다가 소리없이 사라진다. 늘 이런 식이다. 섣불리 남이 좋다는 음식에만 전적으로 의존 하다가는 낭패를 볼 수 있다.

하나의 식품 혹은 비방으로 배합된 식품이 모든 이에게 적용될 만큼 우리 몸의 생화학 현상은 단순하지 않다. 누군가에게 그 만큼 강력한 효과를 봤다면 반대체질의 사람에게는 치명적일 수 있음을 알아야 한다. 우리 몸에 강력하게 작용하는 모든 약이든 식품은 반드시 그에 반하는 부정적 효과가 있다. 현미가 좋다고 하지만 그것은 일정 체질의 사람에게나 적용되는 얘기다. 어떤 체질은 현미에 함유된 성분의 처리능력이 부족해 현미가 몸에 들어가면 건강에 더 해가 되는 경우도 있다.

약이든 식품이든 우리 몸에 부작용 없이 신통하게 잘 듣는 것은 없다. 물론 부신피질 호르몬제·항생제 등을 쓰면 쉽게 병이 치유된다. 이런 식으로 특정 성분이 들어간 약이나 건강기능식품을 섭취하면 기가 막힌 효과를 볼 수는 있다. 그런데 문제는 그 부작용이다. 이로 인해 우리 몸의 자연치유 기능이 파괴되고 결국 각종 성인병, 암을 유발할 수 있다.

한번 잃은 건강을 회복하기는 평생이 걸리지만 건강을 잃는 것은 한 순간이다. 아무리 힘들게 몸을 돌봐도 나쁜 음식 한번에 가는 것이 건강이다. 그러니 좋은 음식 찾기보다 나쁜 음식 멀리하는 거가 훨씬 현명하다. 약은 본래 독인데, 소량을 쓰니 약이 되는 것이다. 음식이 약이니 음식도 양이 지나치면 독이 된다.

선무당이 사람 잡는다는 말이 있다. 도처에 우리의 건강을 위협하는 위험이 도사리고 있으니 조심할 일이다.

화날 때 5 분 멘토

제 9 장
명상 수련

> 당신이 생각하고 있는 말을 만 번 이상 반복하면 당신은
> 그런 사람이 된다.
>
> - 인디언 속담

1. 복식호흡

올바른 호흡법은 우리 몸에 놀라운 변화를 가져와 심신의 건
강을 유지할 수 있다. 독일 훔볼트 대학병원은 호흡법을 치료 보
조수단으로 사용한다. 포천중문의대 안련섭박사에 의하면, 복식
호흡은 스트레스로 긴장된 자율신경계를 완화시켜 호르몬 수치
에 변화가 나타난다.

〈 1단계 : 복식 호흡 〉

잦은 한숨은 체내에 쌓인 이산화탄소를 배출하려는 신경계의 무의식적인 작용이다. 편안한 자세로 앉아(혹은 눕는다.) 한 손은 단전(배꼽 한 뼘 아래)에 다른 손은 가슴에 올려놓는다. 코로 서서히 4초 정도 숨을 들이쉬는데, 단전이 2cm 정도 올라가도록 복식호흡을 한다. (올려놓은 손이 상승을 느낀다)들이쉬는 공기가 온 몸으로 퍼져나가는 느낌을 상상한다. 들이쉰 후 1초 정도 호흡을 정지한다. 4초 정도 서서히 숨을 내쉬며 긴장도 함께 빠져나간다고 상상한다. 1초 정도 호흡을 정지한다.

이 같은 방식으로 5차례 이상 반복한다.

〈 2단계 : 긴장 이완 〉

편안한 자세로 앉아(혹은 눕는다) 몸 전체를 떠올린다. 발끝부터 머리끝까지 아주 느릿하게 차례대로 각 부위로 마음의 눈을 머물게 한다. 실감이 나게 그 부분의 움직임 혹은 촉각을 느껴보라 (움직일 수 있는 부분. 예: 특정 발가락 등) 코가 건조해 불편하면 마음의 눈이 코에 머물게 하라.

그 부분으로 좋은 기운을 옮기는 느낌을 상상하라. 그리고 산소 가득한 피를 옮기는 느낌을 상상하라. 그 부분이 이완되는 상상을 하라.

일상에서 숨을 쉴 때 일어나는 감각을 주의 깊게 살펴라. 배가 들어갔다 나왔다 하는 것을 주시하는 것도 하나의 좋은 방법이다. 마음이 이 생각 저 생각으로 옮겨가면 즉시 알아채야 한다. 그리고 다시 일어나는 신체적 변화와 생각을 예의 주시한다. 이런 과정을 거쳐 내 안팎에서 일어나는 모든 것을 일어나자마자 즉각적으로 명확하게 알아차리는 힘이 생긴다.

2. 자율파동 수련 : 세포를 춤추게 하라

자율파동은 정신을 집중하는 신체부위를 중심으로 진동하면서 기혈이 뚫리고 몸 전체의 순환으로 확장되며 치유되는 현상이다. 이는 긍정적인 자기 암시를 통해 내 안의 자연치유의 힘을 끌어 내는 과정이다.

이명복 전 서울대 해부학 교수는 40년간 위장병을 앓았는데, 권도원 한의학박사의 침 한방으로 완치되었다. 이러한 치유는 자율파동이 기혈을 뚫어 치유하는 것과 동일한 맥락으로 볼 수 있다.

피타고라스는 "우주 만물은 파동으로 되어 있다"고 했다. 파동좋은 명상음악, 신명나는 춤사위, 즐거운 신체리듬이 수반되는 활동 역시 자율파동의 한 유형이다. 즐겁게 웃고 신체를 흔들다 보면 격한 신체활동에도 불구하고 오히려 몸이 가뿐해진다.

우리 전래의 민속악기와 신명나는 춤가락을 통해 심리 및 질병 치료를 접목하는 성공적 사례도 있다. 아프리카 부족들이 축제를 벌이며 한나절을 껑충껑충 하늘 높이 뛰는 초인적 체력을 보이는 것도 자율파동의 일례다.

자율파동은 치유효과를 절대적으로 믿고 해볼 수 있다는 강한 의지가 있어야 한다. 자신의 좋지 않는 부위에 진동이 일어나고 이 자연적인 떨림 현상으로 인해 반드시 치유된다는 믿음이 치유의 기적을 가져온다.

자율파동은 심신의 가장 취약한 부위가 먼저 진동하며 호전되고 이어 두 번째, 세 번째 나쁜 곳 순으로 진동이 옮아간다. 따라서 심신의 상태가 사람마다 다르기 때문에 사람마다 다른 진동전개 방식이 나타난다.

우리 몸이 저절로 움직이는 대로 물 흐르듯이 자연스럽게 내맡길 때 기운이 몸을 흐르며 진동이 나타나는데, 그 형태는 사람마다 다양한 형태로 나타난다.

이러한 기본적 개념에 따라 마음을 이끌면 특별한 지도 없이도 가능하다. 특히 잠결에서 줄곧 이런 상태를 유지하면 진동이 일지 않아도 숙면에 도움이 되고 다음날 심신이 가뿐함을 느낄 수 있다.

〈 실행 〉

전신자율파동단계는 복식호흡의 실행으로 시작한다(위의 '복식 호흡' 단원 참고). 온몸이 편안해지는 느낌에서 진동의 바램에 집중 하면 손이 찌릿해지는 가벼운 떨림이 느껴진다. 쉽게 떨림이 안 오면, 펌프의 마중물 식으로 의식적으로 손이나 발을 미세하게 떨어 진동을 유도하여 자율파동이 시작되면 '진동이 강해진다'는 말로 바램을 이어간다. 이후 저절로 자연스럽게 몸의 아픈 부위 로 진동이 집중된다.

이런 과정을 거쳐 복부파동으로 옮아가 기운이 꿈틀거리는 상태를 느낀다. 계속 복식호흡의 상태를 유지하며 자율파동 강 도를 높이는 바램을 유지한다.

최종적으로 신체의 어떤 부위에 대해서도 자율파동을 운용한다.

일시적인 증세악화가 수반되기도 하는데, 이는 치유에 앞서 일어나는 명현현상이다.

세포를 춤추게 하라. 내가 원하는 신체 부분에 집중하며 간절히 기원하라.

조심하라, 생각하는 대로 몸은 움직인다!

자율파동의 예처럼 사람의 생각에 따라 몸이 반응한다. 쾌락을 상상하면 그에 따라 몸이 반응하며 그 방향으로 에너지를 소모하고, 경건함을 생각하면 몸이 좋은 기운을 잘 갈무리해 간직한다.

이렇게 일정 상태로 심신이 설정되면 그 상태를 유지하려는 항상성이 작용해 이를 바꾸기가 힘들다. 현재의 행동양식이나 습관을 개선하기 위해서는 익숙해지기까지 일정 시간 지루함을 받아들이고 버텨야 한다.

비행기도 이륙에 가장 큰 힘이 필요하다. 그 고비를 넘기면 안정적으로 지속이 가능하다.

3. 스스로에게 건네는 축복

나의 신체 각 부분을 어루만지며 스스로 축복의 안수를 하라. 나의 가슴에 손을 얹고서 내 마음에 위로·감사의 말을 건네라.

생각을 조심하라. 지금 이 순간의 나의 마음의 상태가 가족들에게 업으로 전달된다.

우리 아이들에게 어떤 표정, 어떤 말을 건네야 할지 생각해보라. 이보다 먼저, 아이들의 하늘이요 땅인 아내에게 따뜻한 마음과 웃음을 준비하라.

⟨ 스스로에게 말을 건네라 ⟩

(가슴에 손을 얹고 어루만지며)
모든 것이 잘 될 것이다.
모든 일이 잘 풀릴 것이다.

나는 소중한 사람이다.
나는 사랑스런 사람이다.
나는 귀한 사람이다.

바로 지금만이 나의 전부
숨 쉴 때 일어나는 감각을 살피고 있다.
숨 쉴 때 일어나는 감각을 살피고 있다.
다가오는 모든 것에 마음을 연다
지금 이 순간은 지나가리라.

느긋하게 기다리면
좋은 날들이 나를 찾아온다.

나는 강하다
난 해낼 수 있다.

치유의 효과가 있으니 아픈 곳에 손을 대고 속삭여보세요.

4. 세 살배기 아이처럼

2002년 월드컵 4강의 히딩크 감독은 그 당시 소심한 설기현에게 자신감을 심어주기 위해 '나는 잘 생겼다. 나는 최고 선수다'라고 거울을 보며 3번씩 외치게 했다.

일상에서 자신에게 긍정적인 격려의 말을 되뇌는 것은 마음에 에너지를 준다. '기운 내,' '잘했어' 등과 같은 말로 컴퓨터 패스워드를 만들어 보는 것도 좋다.

불행한 일이나 실수에 대해 자신을 탓하기 보다 스스로에게 관대하고 자비로워라. 힘든 상황을 더 잘 극복하게 해준다.

제 10 장

힘내고 삽시다

> **❝** 하느님은 양에게 저마다 그 털의 길이만큼 견딜만한 바람을 준다. 털깎기로 털이 짧아진 양에게는 약한 추위를, 털이 긴 양에게는 그 만큼 매서운 바람을 준다. **❞**

즉, 자신이 처한 여건만큼 견디는 힘도 나온다는 의미다. 그러니 사람은 역량이 크든 작든 누구나 주저앉고 싶은 벅찬 경계에서 힘든 싸움을 하고 있다.

가벼운 마지막 지푸라기 하나가 튼튼한 낙타의 등을 부러뜨릴 수 있듯이 능력이든 재물이든 있는 대로 당겨써야 하는 디지털 시대가 더욱 고달프다. 디지털화된 현대사회는 서로 톱니바퀴처럼 서로 얽혀있다 보니 한 순간에 연쇄적으로 와르르 무너진다. 부침이 한 순간이다.

왜 북서풍이 매섭나 원망할 일은 아니다. 불가피한 것에 대해 사람이 긍정적일 때는 늘 감당한 만한 힘이 나온다.

긍정적으로 받아들이면 세상에 의미없는 일은 없다. 체험에서 뭔가를 배우고 싱깅힌디면 매 순간이 좋은 계기가 될 것이다. 엄청난 일을 당해도 '내 인생 이제 손해 볼 거 다 봤다'는 생각에 큰 불행 뒤에 세상을 달관하는 행복이 오기도 하고, 혹은 넘치는 행운과 풍요 에도 상대적 빈곤감으로 불행한 사람도 있다.

해가 뜨기 전 새벽이 가장 어둡고 고요하다. 고비를 넘기고 나면 좋은 기회가 올 것이다. 사철 꽃이 피는 곳에서 게을러진 벌들로 인해 좋은 꿀이 나올 수 없는 것처럼 고통 없는 삶에서 진정한 삶의 의미를 만날 수 없다.

1. 시련이 사람을 단련시킨다

◈ 낙상(落傷) 매

여러 마리의 새끼들이 한 둥지에서 경쟁하며 엎치락뒤치락 하다 보면 땅에 떨어져 다치는 매가 나오기 마련이다. 이렇게 떨어져 다친 새끼매는 적자생존의 가혹한 경쟁에서 살아남기 위해 남달리 사나워진다. 이런 낙상매는 보통 사냥매보다 3~5배 비쌌다 한다.

가혹한 환경에서 시련을 겪으며 강해지는 거는 동물이나 사람이나 다를 바 없다. 부존자원이 빈약해 치열한 생존경쟁을 거쳐야 하는 우리나라 사람들이 세계적인 무대에서 남다른 생존력을 보이는 것도 이런 맥락이다.

젊어서 고생은 사서도 한다. 현
재의 힘든 과정은 미래에 대한 투
자로 여겨봄직하다.

◆ '경영의 신' 마쓰시타 고노스케 어록

"나는 몹시 가난해서 어릴 때부터 구두닦이·신문팔이를 하면
서 많은 경험을 쌓을 수 있었고, 태어났을 때부터 몸이 매우 약
해 항상 운동에 힘써 왔으며, 초등학교도 못 다녔기 때문에 세상
의 모든 사람을 다 스승으로 여기고 열심히 배우는 일에 게을리
하지 않았다."

◆ 인생에 상실이 없다면 성장도 없다

인생에 상실이 없다면 성장도 없다. 상실이 밑거름이 되어 나
를 돌아보고 남을 보듬는 걸 배우면서 내가 사람다움을 갖춰가
는 것이다. 상실의 깊이만큼 내적 성장도 깊어진다.

그러나 상실이 얻음이 되려면 그 상실을 통해 성장하려는 긍
정적 시각이 전제되어야 한다. 그렇지 못할 경우 상실은 상실로
이어져 결국 추락하는 것이다.

2. 감동을 주는 이야기

> ❝ 인생이 그런 거여. 두드려 맞고, 불구덩이에도 들어가고, 냉랭
> 하게 식기도 하고 그러면서 단련이 되는 거여.
>
> - 대장장이 ❞

1) 마지막 잎새

폐렴에 걸려 투병 중이던 소녀는 창 밖 담쟁이넝쿨의 마지막 잎새가 떨어지는 날 자신도 죽을 거라 여겼다.

밤새도록 세찬 비와 사나운 바람이 몰아쳤다. 다음날 아침 소녀가 창 밖을 보니 마지막 잎새는 붙어있었다. 그리고 다음날이 되고 시간이 더 흘러도 여전히 마지막 잎새는 그대로였다.

희망을 얻은 소녀는 이로 인해 병세가 점차 호전 되었다. 사실은 그 마지막 잎새는 소녀와 같은 폐렴을 앓던 아래층 화가 노인이 소녀의 걱정스런 얘기를 듣고서 몰래 밤사이에 마지막 필사

적인 열정을 불살라 그려놓은 것이었다.

긍정적 생각이 우리 몸에 얼마나 큰 영향을 미치는지 알 수 있다.

사고로 척수가 완전히 손상되어 걷지 못하는 영국인 얀도는 '일어설 수 있다'는 신념을 잃지 않고 신체훈련과 마음의 훈련을 통해 노력한 결과 혼자 일어설 수 있게 되었다.

한 중년 여성이 남편의 사업실패로 방문판매원 일을 시작했다. 선천적으로 목젖이 없는 선천성구개열을 앓고 있어 고객은 그녀의 말을 제대로 알아듣지 못해 소통에 애를 먹었다. 그녀는 포기하지 않고 아나운서 스피치 학원에 등록해 3개월 동안 밤새 발음연습을 하고 큰소리로 책을 읽는 등 각고의 노력으로 아무도 그녀의 장애를 눈치 채지 못했다. "신체가 불편한 것보다 자존심을 다치는 게 더 힘들었다. 하루에도 수백 번 할 수 있다는 최면을 걸었다."

2) 강영우 박사

그의 부단한 노력과 하나님의 뜻으로 이룬 그의 삶은 기적 그 자체이다.

그가 13세 때 아버지가 세상을 떠났다. 다음 해, 얼굴에 축구공은 맞고 실명했다. 시력을 잃은 아들이 평생 소경으로 살아야 한다는 말에, 엄마는 심장마비로 세상을 떠났다.

부모 없는 하늘 아래서 어린 동생을 돌봐야 할 유일한 누나마저 2년 뒤 병으로 세상을 떠났다.

그는 살아남았다. 서울 맹학교 학생시절 자원봉사자 여대생인 아내를 만났던 것이 그에겐 큰 행운이었다.

한국인 최초로 시각장애인 박사로 조지 W. 부시 대통령 시절 백악관 국가장애위원을 지냈고, 사회에 많은 공헌을 남겼다.

그는 두 아들을 뒀다. 워싱턴포스트 선정 2011년 최고 슈퍼닥터에 뽑힌 첫 아들 진석씨, 백악관에서 대통령의 선임법률고문으로 일하는 둘째 진영씨.

그 68세의 강영우 박사가 한 달 시한부 췌장암 선고를 받고 주변인에게 마지막 작별의 이메일을 보냈다.

"누구보다 행복하고 축복받은 삶을 살아온 제가 주변을 정리하고 사랑하는 이들에게 작별인사를 할 시간을 허락받아 감사합니다."

3) 김동연 국무총리실장의 감동스토리

서른셋 젊은 나이에 아내와 네 자식을 두고 아버지가 세상을 떠날 때 그의 나이 열한 살이었다. 소년 가장이 되어 집안을 책임져야 했다.

오물냄새가 진동하고 모기와 파리가 들끓던 청계천에 목재로 기둥을 세우고 판자로 비바람을 막은 무허가 판잣집이 그의 거처였다. 도시정비사업으로 헐리자 성남의 허허벌판에 천막을 치고 살았다.

어려운 형편에 절망하고 세상을 원망한 적도 있었지만 그를 지탱해준 것은 긍정적인 마음자세와 미래에 대한 꿈이었다. 상고 출신 직장인으로 대학을 꿈꿨고, 대학을 다니면서는 행정고시

꿈을 키웠다.

상고 졸업 후 주경야독하며 야간대를 다니고 행정고시에 합격했다. 공직생활 초기 빈약한 학벌의 비주류 처지라 손해본다는 생각도 많이 했지만 끊임없는 자기계발과 노력으로 이를 극복했다.

시련은 사람을 단련한다. 그의 젊은 날 고단했던 삶은 시련을 가장한 축복이었던 셈이다.

4) 버는 것은 기술이요, 쓰는 것은 예술이다

1958년 가난한 시절, 17살에 보리 한 가마니 값인 76원을 들고 상경한 김병호는 식당 밥 배달원, 운수회사 직원 등으로 악착같이 일하며 무더운 여름날 1원 아끼려고 그 시절 흔한 사카린 음료수도 참았다.

지금도 이쑤시개를 8조각으로 나누어 사용하고 손씻은 물도 모아서 재활용한다. 식당에서 가져온 냅킨을 반으로 찢어 재활용 하다보니 크리넥스 화장지 6통을 2년 째 쓰고 있다.

7남매 중 장남인 그는 동생들 뒷바라지 하느라 최종학력이 초등학교졸업이다. 그가 2009년 300억원 상당의 부동산 포함 가진 것 대부분을 내놓고 현재는 용인의 26평 실버타운에 살고 있다.

나누고 싶어도 가진 게 없는가? 재물만 나눌 수 있는 것은 아니다. 친절의 나눔은 이웃뿐 아니라 나와 내 아이가 살아갈 세상을 위해 더 절실한 것이다.

이미 우리 각자의 마음에는 300억 재산보다 더 큰 친절 나눔 재산을 가지고 있다. 우리가 깨닫지 못하고 있을 뿐이다. 이웃에 대한 나의 친절나눔이 김병호·김삼열 부부의 300억원 나눔보다 우리 아이들 미래 세상에 더 소중하다. 그 친절나눔은 내 영혼의 치유를 위한 것이기도 하다. 내 인식의 지평을 넓히고 마음의 성장을 가져다 줄 수 있는 내적 수행이기도 하다.

선행은 상대의 응답을 바라지 않는 무조건적인 것이어야 한다. 그래야 그 선행이 내 안에 뿌리 내리고 행동으로 지속 가능하다. 나에게 잘 해주는 사람에게만 하는 행위는 선행이 아니라 누구나 할 수 있는 흔한 보답일 뿐이다. 그 열매는 감동의 향기도 없고 지속하지도 못한다.

이웃에 대한 사랑과 연민, 남의 즐거움을 같이 나누며, 비난에도 침착한 마음은 우리의 삶의 가장 큰 에너지원이다.

5) 역풍과 동기부여

한국축구의 기념비적인 올림픽 동메달 하면 떠오르는 얼굴, 홍명보 감독! 축구지도자를 위한 특별강연에서, 2012년 런던올림픽에서 축구국가대표팀 감독으로서 코치진의 만류를 뿌리치고 지동원을 영국전에 선발 투입한 승부수를 택한 이유를 설명했다.

"1997년 일본 진출 이후 선수들이 패스를 내주지 않아 스트레스가 엄청 심했다. 그 때 느낀 서운한 감정 때문에 6개월 뒤 열린 한·일전에서 사력을 다해 경기에 임했다." 홍감독이 일본 프로무대에서 일본선수들에게 겪은 쓰라린 경험이 나중에 일본전에 사력을 다한 자극제가 되었다.

영국프로축구에 진출한 지동원도 굴러온 돌로서 박힌돌 영국선수들에게 설움을 맛봤던 터였다. 2012년 올림픽에서 그들과 맞대결할 기회를 잡은 지동원이 영국전에서 그 곳 축구인들 보란 듯이 선보일 한풀이 투지를 예견하고서 홍명보 감독은 그를 투입한 것이다.

6) 태양은 다시 떠오른다

이승록씨, 2008년 금융위기의 직격탄으로 사업이 망했다. 이전에 자신이 도와줬던 사람들은 이씨가 망했다는 말을 듣고 전화도 안 받았다.

이씨는 미국의 명문 뉴욕대에 재학 중이던 큰아들 균헌(23)씨에게 전화를 걸어 "아버지가 너무 힘들어서 수업료를 낼 수 없으니 돌아와야겠다"고 말했다. 큰아들은 "어렵게 들어간 대학인데 어떻게 안 될까요?" 라며 울먹였다. 그렇지만 달리 방법이 없었다. 귀국해 특전사에 입대했다.

이씨가 2011년 6월 스트레스성 폐렴으로 3일을 누어있다가 병원 응급실에 실려갔을 때 부인 최씨가 울면서 두 아들에게 전화를 걸었다. 큰아들 균헌씨가 50만원을 보냈다. 특전사 복무하면시 낙하산 훈련 때 나오는 생명수당이었다. 작은아들 정현씨는 영어학원에서 아르바이트를 해서 번 돈 80만원을 보탰다. 그 돈으로 병원비를 낼 수 있었다.

인천광역시의 다세대 빌라 월세방에 살면서 서울 신촌의 가게로 출퇴근했다. 오전 5시면 일어나 7시에 가게에 도착한다. 날마다 다음 날 오전 1시까지 일한 뒤 막차를 타고 귀가했다. 3시간의 짧은 수면으로 버틴다. 이렇게 1년 반을 일해 후배에게 빌린 돈을 거의 다 갚았다.

7) 거장(巨匠)의 오늘을 있게 한 노력

제도 미술교육을 받지 않고도 한국화와 서예에서 거장이 된 박대성(67) 선생은 어린시절 왼쪽 팔꿈치 아래를 잃었다. 이 불편함으로 인해 평생을 줄기차게 노력했다고 한다.

"팔꿈치 아래가 없는 이 왼팔이 내 평생 스승입니다. 이 팔 하나가 없는 바람에 줄기차게 노력을 했지요. 그래서 내 인생의 좌우명이 '불편(不便)'이에요. 편리하면 할수록 인간정신은 게을러집니다."

"요즘도 매일 가야금 연습을 하십니까?" 라는 질문에 가야금 연주가인 황병기(76)선생이 말했다. "그럼요. 한 달만 쉬어도 손이 아파서 못해요. 연습을 안하면 손가락 근육도 다 풀려 버리고요. 그런 의미에서 연주는 육체행위지 정신행위가 아닙니다. 가야금뿐 아니라 모든 연주자가 이런 멍에를 짊어져요. 연주란 그런 속박을 즐거워하는 사람만이 할 수 있는 일입니다."

고요히 물위를 헤엄치는 오리는 떠있기 위해 물밑에서 부단히 발을 움직인다고 한다. 타고난 재능도 끊임없는 단련을 통해서만 비로소 꽃을 피울 수 있다.

좋은 피톤치드는 대량생산이 불가능합니다.

시중에 피톤치드가 넘쳐도 〈편백숲드림〉에서는
믿고 선택할 수 있습니다.

제1시설

2014년 3월 신축

제2시설

새집증후군

모든 새집증후군 업체들이 예외없이
피톤치드를 사용합니다.
각종 연구기관들이 피톤치드의 유해
화합물 분해능력을 검증했습니다.

피톤치드는 자연이 수십 년 동안 키
워낸 천연물질입니다.
자연이 선사한 피톤치드가 가장 확실한
효과를 냅니다.

" 시공비는 1/5로 줄이고
효과는 더 확실합니다. "

향수/방향제는 자신의 강한 냄새로 덮어버리지만 피톤
치드는 그림처럼 원인물질(유기화합물,포름알데히드 등)
을 분해해서유익한 아미노산 구조의 물질로 바꿔준다.

🏠 천연염색 침구류 공방

Back to Nature

1979년부터 침구류 업종을 시작했습니다.
1985년 어느날, "자연으로 가는 길밖에 없겠
구나" 라는 깨달음으로 이문순 원장(65세,
사진)의 천연염색 인생이 시작되었습니다.

다른 흔한 천연염색법과 달리 차별화된 제품력
을 의미하는 특허들
단 한 번에 통과한 모든 시험성적서의 경이로운
수치.

그 중 세가지만 거론하자면, 아토피 악화균인
황색포도상구균 정균 감소율이 유례가 드문
〉99.9,

전체 제품에서 포알데하이드(새집증후군 원인
물질)가 기계의 측정 가능한 최저 한계 수치,
냄새 제거율이 유례가 드문 〉99.9.

(〉99.9란 99.9보다 크다는 의미입니다)

🏷 어린이 안전품질 표시 인증업체
공인시험검사기관 : 한국의류시험연구원

특허1: **황토염색방법** (등록번호 10-0868335)
특허2: 울금과 금잔화를 이용한 천연염색의 제조방법
    (공개번호 10-2012-0088192)

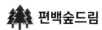 편백숲드림

070-7430-7771
www.wooddream.co.kr

 20ml 30,000원	**피톤치드 오일** 단지 냄새를 덮는 향수와 달리 피톤치드 오일은 냄새를 분해제거하고 공기정화까지. 스트레스 완화로 잠도 푹 재워요. 피톤치드 효능은 호흡으로 건강까지 챙겨줍니다. 건강목적으로 어린이도 사용, 학습능력 향상

 세트(2개) 15,000원	 물비누 1병 25,000원	**피톤치드 비누** **비듬, 탈모, 몸냄새에 대한 대처** 피톤치드 오일은 비누제조 과정에서 유해물질을 분해해서 이로운 물질로 전환하고, 사용할때도 유해 물질을 분해 및 소취/항균/살균 작용이 강해 피부에 안전하고 유익합니다.

	피톤치드액 피부관리를 위한 미스트, 목욕/면도 후 미스트 치아관리 활용, 실내/차 안에서 공기정화, 새집증후군 제거 싱크대/화장실 냄새 제거 40ml 4,000원 / 200ml 15,000원 1,000ml (1리터, 리필용) 40,000원 4,000ml (4리터, 리필용) 120,000원 피톤치드분사 산림욕기는 리필용 구입시 선택가능

 편백기능성베개 100,000원 편백장구베개 大 80,000원 中 60,000원 솜베개 大 50,000원 中 40,000원	**천연염색 베개** 1) 천연염색으로 알고 있는 시중의 편백베개는 면이긴 하지만 99%가 기계식 화학염색입니다. 〈편백숲드림〉은 천연염색만 제조합니다. 2) 베개 특징 • 속커버 100% 면(폴리에스터의 경우 열차단 문제 발생) • 편백베개는 100% 국산 편백 큐브형 우드칩 사용 • 솜베개는 편백 우드칩 대신 구름솜 사용으로 푹신 3) 염색 종류 선택 : 황토, 대나무숯 염색 중에서 선택 4) 〈편백숲드림〉의 천연염색 특징 • 고유의 특허기술로 황토입자가 섬유의 올 구석구석에 고루 염착되어 황토효능을 최대로 누리게 했습니다. 섬유고착제 혹은 열처리로 섬유에 피복하는 개념의 무늬만 천연염색인 다른 제품과 다릅니다. • 그럼에도 우리 제품은 색이 쉽게 빠지지 않아 기계식 염색으로 의심받기도 합니다.

15,000원

10,000원

15,000원

35,000원

천연황토염색 속옷

1) 사람의 몸은 냄새가 나기 마련이죠. 천연염색이 답입니다.

일반염색은 때가 찌들어 섬유에 스며들고 냄새가 베이기 때문에 향수/방향제를 사용하게 됩니다. 이 냄새가 모세혈관을 통해 혈액 속에 스며들어 컨디션을 저하시킵니다. 건강악화는 몸냄새를 더 심하게 해서 더 강한 향수의 악순환을 야기하죠.

냄새제거율이 유례가 드문 〉99.9
(〉99.9란 99.9보다 크다는 의미 입니다.)

2) 천연염색은 아토피성 피부염에 좋습니다.

- 황토염색 관련 시험성적서 상에서 아토피 악화균인 황색포도상구균에 대한 정균감소율이 측정시험기기의 측정 최대 한계 수치를 월등히 넘어서기 때문에 99.9보다 크다는 의미로 〉99.9로 표현됩니다.

- 시험성적서 대상 전체 제품에서 폼알데하이드 (새집증후군 원인물질)가 측정시험기기의 측정 가능한 최저 한계 수치 이하로 나타났습니다.

3) 천연염색은 아토피성 피부염에 좋습니다.

- 사이즈는 100, 95, 90 중에서 선택

사각방석
大 50,000원
中 40,000원

충전재로 폭신한 천연 구름솜을 사용

110,000원

충전재로 폭신한 천연 목화솜을 사용. 오래 앉아 있어도 다리가 편안한 구조로 기능성이 높습니다.

성인용 요
2인용 300,000원
1인용 250,000원

성인용 이불
2인용 400,000원
1인용 300,000원

성인용 패드
2인용 290,000원
1인용 200,000원

유아용 요
160,000원

유아용 이불
190,000원

〈편백숲드림〉의 천연염색은

- **제습제가 필요없다**
  황토/대나무숯 천연염색은 습기조절 능력이 뛰어나다. 습도가 높은 날에 일반섬유는 습기를 머금어 눅눅한데 천연염색은 습기배출이 뛰어나 뽀송뽀송한 상태를 유지한다.

- **좀약이 필요없다**
  천연염색은 자체 살균력/항균성이 강하여 좀약이 필요 없습니다.

- **탈취제가 필요없다**
  천연염색은 냄새제거 기능이 높습니다.

- **아토피성 피부염에 좋다**
- **삶거나 소독이 필요없다**
- **황토/숯은 원적외선을 방출한다**

〈편백숲드림〉의 천연염색은 때가 스며들지 않고 표면에 들러붙은 정도여서 찬물로도 쉽게 세탁이 가능하고, 사람에게 나는 특유의 냄새를 제거해줍니다.

천연염색 원단은 전화로 구입이 가능합니다.

- 단위당 가격: 폭 145cm x 길이 90cm 25,000원
- 한 롤의 최대 길이는 495cm이고, 가격은 137,500원
- 황토, 대나무숯, 감 염색 중에서 선택합니다.